Rolf Friedrich Schuett

Schräger Krankenhausschatz des Tragikomischen

Nonsens-Tagebuch in Sentenzen ohne Tendenzen

FSC
www.fsc.org
MIX
Papier aus ver-
antwortungsvollen
Quellen
Paper from
responsible sources
FSC® C105338

Rolf Friedrich Schuett

Schräger Krankenhausschatz des Tragikomischen

*Nonsens-Tagebuch
in Sentenzen ohne Tendenzen*

Bibliographische Information Der Deutschen Bibliothek:
Die Deutsche Bibliothek verzeichnet diese Publikation in
der Deutschen Nationalbibliographie; detaillierte bibliographische Daten sind im Internet abrufbar über
http://dnb.ddb.de

Herstellung und Verlag :

BoD – Books on Demand, Norderstedt

Printed in Germany

ISBN 978-3-7568-8136-9

INHALT

Für meine Familie

Geht KI nun o.k. oder k.o.?
AIA (Artificial Intelligence Agency?)

Künstliche Intelligenz bringt natürliche Verdummung,
doch natürliche Klugheit oft kunstvolle Verblödung.

Schachcomputer schlagen schon Schachweltmeister,
doch Narren mit Sparren noch autonome Autos.

Ein Computerprogramm kann in einer Minute
Hunderte von KI-Gedichten ausspucken und ausdru-
cken. Welche davon allerdings halbwegs brauchbar
und gelungen, entscheidet der atmende Leser. Ich will
Mozart hören, nicht KI-Musik à la Mozart. Ich will
Heine lesen, nicht KI-Gedichte in Heines Machart. Du
willst Rembrandts sehen, nicht KI-Gemälde in Remb-
randtmasche.

KI schafft Kunstgewerbe nach Spielregeln von
Kunstkennern. Könner schaffen in jedem Geniestreich
ihre eigenen Spielregeln neu, wie Kant in seiner Äs-
thetik des Geschmacksurteils und der zweckmäßigen
Urteilskraft schrieb, die mehr ist als phantasievolle
Einbildungskraft.

KI soll und kann uns, damit wir Zeit haben zum
Dichten, Denken und Komponieren, viele Knochen-,
Routine- und Drecksarbeiten abnehmen, nicht Kunstwerke wegnehmen. Wenn Automaten Kunst können,
muss ich wieder selber Tag für Tag die Erde um- und

dummwühlen. Schon Stephan Hawking warnte vor einer dystopischen Zukunft, in der KI-Roboter die Herrschaft über uns und die Erde übernommen haben wie Platons Philosophenkönige.

KI kann die rationellsten Mittel und Wege einsetzen, um vorgegebene Zwecke und Ziele in kürzester Zeit zu erreichen, aber Kultur ist die Kunst der langen und indirekten Umwege. Sobald KI selbst die rationalsten Zwecke und Ziele wählen darf, hat sie uns besiegt statt geholfen. KI hat nur instrumentelle Vernunft, weil sie kein kommunikatives Handeln erlaubt. Sie koordiniert Maschinen effektiv, und eine moderne Lokomotive lohnte sich nicht, wenn die Dampfventile noch von viel zu langsamen menschlichen Zugführern bedient werden müssten. Deshalb lohnt sich der Hochindustrialismus mit seinen Füllhörnern nur als Kapitalismus, weil er den unzuverlässigen autonomen Menschen durch autonome Kapital-KI optimiert.

Berühmt und berüchtigt ist der **Turing-Test**: Wenn ein Mensch nicht merkt, ob er am Telephon mit einem Menschen oder einer Maschine ein (nicht zu kurzes) Gespräch führt, darf diese Maschine in Kommunikationen fortan als Mensch durchgehen. Ein Psychiatrie-Automat, dessen Stimme ein Patient nicht als Maschine erkennt, darf als Mensch behandelt werden und auch diesen Patienten behandeln. Dieser Turing-Test wird hoffentlich niemals im Ernst eingesetzt werden.

Deepfake-Pornographie mit Face Swapping ist eine abartige Abart von Plattfakt-Mobbing, um Mit- und Gegenmenschen sozial zu zerstören. Diese Bildbearbeitungstechnik kann humoristischen Frohsinn generieren, aber vor allem Lebenszeit mit modischem Schwachsinn totschlagen.

Kurz : Nach allen historischen Erfahrungen steht zu fürchten, dass KI schon o.K. ist, d.h. organisierte Kriminalität, die den Menschen in the long run schlagen, also k.o. schlagen wird. Selbstlernende "neuronale Netzwerke" lernen ja nur, die Dämlichkeit und Verrücktheit ihrer Erfinder und reichen Auftraggeber zu optimieren. Ethisch kommt, was technisch geht.

KI ist in der Gegenwart die Wunderwaffe der Zukunft gegen die Vergangenheit. Von der eigenen Dämlichkeit angekurbelt, soll sie diese optimieren und nichts anderes, bis zum sich selbst überholenden Quantencomputerhyperschwachsinn. – KI-Maschinen können das, was Klein-Doofi auch kann, nur noch viel besser, höher, weiter und genauer. KI ist die debile Wunschintelligenz der Grenzdebilen und damit der derzeit vielversprechendste Angriff auf die Natur im Namen ihrer Veredelung. Die Fortschrittsgeschichte der sesshaften Menschheit ist seit der nomadischen Steinzeit eine einzige Verfallsgeschichte, und die KI ist der vorerst letzte Schrei dieses von vielen ambivalenten Lebenserleichterungen angefeuerten Frontalangriffs auf die vollendete Schöpfung. Ob die KI-Imbezilität der durchdigitalisierten Hölle sich wohl künftig noch toppen lässt? Die nach unten offene Skala der Intelligenz wartet in den Laboren und auf den Reißbrettern der kapitalisierten Wissenseliten sicher schon auf die nächsten drogengepeitschten Herausforderer. Wenn selbst Mega- und Meta-Sex durchvirtualisiert sind, wird vielleicht gewöhnlichster Analog-GV samt Liebesbeilage irgendwann mal wieder reizen.

KI kann nur, was an Kunst eben nicht Kunst ist. Jedes Kunstwerk hat auch eine solche Schicht.

Weitere kostenlose Infos und Handreichungen unter : *www.synthetic-subintelligence.de*

„Suppengemüse" : Bildgedicht

Frühlingsgemälde : "Suppengemüse"?
Frühlingsgemüse : "Suppengemälde"?

Auch Schurken essen Gurken,
In Gurkenstaaten grüne Schurken.
Schicksalat, Au-Tomatensalat,
Auch Paprika im Blut
Tut der Liebe gut
Und der Wut mit Glut.
Viel Obst und junges Gemüse
Hilft dem Kerl auf seine Liese.

Über allen Giebeln
Ist Ruhe mit Zwiebeln.
Chicorée und Porree, sorry:
Nun noch deutschen Schweinkopf
In den deutschen Eintopf!

Schräger Kuddelmuddelschmuddelschmus:
Fortsetzung folgt auch ohne Nachfrage

Ich will den Bach hören,
nicht KI-Berieselung à la Bach.

Sie fängt ihn so lange, bis er sie jagt.
Sie frisst ihn so lange nicht, wie er sie umfängt.

Er findet nur Gefährtinnen, die er vorher verdarb.

Wie man in den Wald hinein ruft, so lügt man,
und wie man sich bettet, so schallt es heraus.

Liebe : Wie wird ein vernunftbegabtes Wesen
von unvernunftbegabten Wesen gezeugt?

Auf emanzipierte Frauen muss Amor
heute Goldpfeile verschießen.

Das Schönste an dir ist die Einbildungskraft,
mit der du mich betrachtest.

Er machte um Himmels Willen seinem einsamen
Leben statt seiner Lebenseinsamkeit ein Ende.

Wird man im Scherz standesamtlich erschossen
oder standrechtlich getraut?

Seine Traumfrau hat einen anderen Traummann,
ihr Traummann eine andere Traumfrau : *Liebe*.

Nimm einen andern, statt den einen zu ändern!

Erhöht er sie, um sie zu erniedrigen?
Überhöht sie ihn, um ihn zu unterwerfen,
oder erhört sie ihn, um ihn zu übers(t)ehen?

Seine Frau hatte ihren Buckel vorn,
Lichtenberg seinen Busen hinten.

Bettelstudenten gegen ihre reichen Herren
waren weltliche Nachfahren der Bettelmönche
gegen ihre reichen Kirchen.

Seit die Religion, nicht die Kirche, tot ist,
ist die Welt todkrank.

Manche *Übermenschen* sagen, der Mensch
sei auch nur ein Tier. Sie wollen ihn jagen,
fressen oder sich halten dürfen.

Moderne Astronomen unterscheiden
sich von alten Astrologen dadurch,
dass sie einen *Urknall* haben.

Der Zeitgenosse hat *sine tempore* niemals Zeit,
aber immer Atomuhren.

Hobbes 2000:
Der Mensch ist des Papiertigers Reißwolf.

Goldmarie bumst Goldjunge und redet Blech,
das sie auch hält.

Marx. Privateigentum an Reproduktionsmitteln
ist in kapitalistischen Reproduktionsverhältnissen
schon immer (gut) aufgehoben.

Heute werden nie geschlossene Ehen
immer geschieden.

Der modernisierte Mensch lässt sich gern
offen und ehrlich belügen und betrügen.

Mach dir nichts draus, dass du nichts machst
aus dem, was du so machst!

Überdrehten Zeitgenossen fehlt der *Overdrive*-
Schongang im aufrechten Gang.

Likes und *Dislikes* sagen weniger über Qualität
der Kunst als über Qualität des Geschmacks.

Nimm´s leichter, dann klaut sich´s leichter!

Modernes Leben ist komfortabel elektrifiziertes
Elend, aber ist der vollmundigste Vormund des
Volksmunds schon mündig genug?

Der Mensch übt stets den aufrechten Wolfgang.

Man schützt heute Wölfe und sich vor ihnen.

Wir schützen Lämmer vor Wölfen
für den eigenen Topf.

Er wollte ihr Gewalt antun.
Du kamst ihm zuvor.

Jede(r) nimmt einen Ehepartner, den später
auch noch der Himmel nehmen soll.

Du bist Platons Idealstaat : Ein Wehrstand,
der alles abwehrt, ein Nährstand, der alles selber
frisst, und ein Lehrstand, der nichts gelernt hat.

Da wir nicht wissen, wovon der Affe abstammt,
wissen wir nicht, wovon der Mensch abstammt.
Stammt auch der Maulaffe vom Menschen ab?

Pater semper incertus. Moderne Ehe heißt, dass
nur Schwangere noch mit ihren Gatten schlafen.

Deine Talente sind die Rache der Vorfahren und
deine Schwächen ein Segen der Nachkommen.

Erst kam ich zur Welt, bevor sie zu mir
und zu sich oder ich nie zu mir kam.

Mutter liegt in der Erde, Vater ging in die Luft,
die Tochter ins Wasser, der Sohn durchs Feuer.

Jeder der drei Monotheismen vermittelt zwischen
den beiden andern, als sei er deren Synthese.

Taten die Kirchen nur Unrecht
zu Gunsten der Ohnmächtigen?

Im Zoo studierte das Kind unverwandt die Affen.

Das Fehlen von Erbmasse kann erblich werden.

Vaterfreuden : Kinder erst ans Licht der Welt,
dann ans Licht der Vernunft, dann Kindeskinder
ans Licht der Nach- und Hinterwelt.

Wer dich vor Räubern schützt, hat dich geraubt.

Muss heute, wer A sagt, auch Theist sagen?

Man greift Mutter Erde lüstern in den Fortschritt.

Entblößt sich der Affe, ist er bloß ein Mensch.

Mehr *zum* Leben, mehr *vom* Leben (anderer)
und weniger *von und zum* ewigen Leben?

Dialektiker sind dreimal so tot wie Logiker.

Bist du noch wild, dann christlich,
dann vernünftig oder schon ration(alis)iert?

Fast jeder liegt sich selbst zu Füßen,
hat sich am Hals, geht sich zur Hand,
wächst sich übern Kopf, hält sich im Arm
und rutscht sich den Buckel runter.

Wer nachdenkt, sieht und zieht sich vor,
doch wer nur liebt, lässt sich nie in Stich.

Du hast in jedem Augenblick all deine Nachfahren geköpft und deine Vorfahren gefördert.

Bleib stets etwas sinnlich unsinnig, schreib selten
etwas Sinnreiches, treib nie allzu Sinnvolles!

Er rannte die offene Tür zu ihrem Herzen ein
und klopfte schüchtern an.

Bestraft dein freier Wille die himmlische Gnade?

Transzendieren heißt Unterschreiten
des Fortschritts, um die Untiefe zu erklettern.

Der Himmel begegnet uns im Irren und Bettler,
nicht im König und Krösus.

Subjektivität trifft die Realität, denn sie holt mehr
aus der Welt, als sie investiert.

Unsere Arbeit, überflüssiger als der Überfluss,
verbraucht ständig den Rohstoff, den sie braucht.

Bitte Arbeitszeitverkürzung, um weniger Krempel kaufen zu können, statt ständige Gehalts-
erhöhungen, um für mehr Schrott zu schuften!

Niemandes Unvermögen könnte sich beweisen,
den man nicht lange genug ans Ruder ließe.

Regierungsfähig ist immer,
wer nicht an der Macht ist.

Wenn das Volk sich das Volk nicht mehr gefallen
lässt, reift es zu Individuen.

Gefühlsgeladene Erinnerungen werden langsam
nur noch lichthofumgeben karge Piktogramme,
zu denen man schließlich alles zu machen pflegt.

Wo ist noch Neuland außer im Schoß
einer Jungfrau für einen Lebemann?

Ohne dich hättest du nichts mehr zu lachen.

Jedes Individuum ist ein Plenum, aber gibt es
Magie der Logik wie Mathematik der Affekte?

Jes 41, 24. Alles fällt uns zu wie Unfälle,
die sich als ihre eigenen Hilfestellungen erweisen.

Je mehr Gauner und Narren es im Volk gibt,
desto mehr ihrer Vertreter gehören ins Parlament.

Nähert euch dem Ernst des Lebens durch Spiele,
nicht durch seriöse Arbeit den Spielregeln!

Nur wer nur tut, was nur er tun konnte,
kann sein Leben ewig wiederholen wollen.

Hat man einen Aristoteles zum Privatlehrer,
ist es keine Kunst mehr, die Nachwelt zu erobern.

Mitspracherecht ist heute schon Widerredepflicht.

Tyrann Heidegger konnte Künstler krank machen
wie Wagner seinen Nietzsche.

Erfrischend pointierte Spruchpauken nach dem
Schwelgen in unendlichen Wagnermelodien:
Suprahumanist Nietzsche, der verrückt wurde
wie sein Vater. Pastorentochter Franziska war Es.

Biblische Erkenntnis verfehlt die kapitalistische
Welt, wenn sie mehr reinsteckt, als sie rausholt.

Gutes und Wahres ist oft nicht schön, Gutes und
Schönes unverständlich und Schönes meist falsch

Industrieprodukte sind redigierte Rohstoffe
aus Gottes Schöpfung.

Journalisten sind Künstler, die Wahrheit kreieren.
Zeitungen bringen oft exklusiv Sensationen,
Realität inklusive.

Das Tohuwabohu, aus dem die Welt erschaffen
wurde, hast du geschafft und hat dich geschafft.

Macht und Recht lassen einander zufrieden,
Arm und Reich lieben einander sogar.

Leben heißt oft die Kunst, Gutes zu tun,
ohne Schlechtes zu lassen.

Das Schlechteste am richtig Guten ist,
dass es nur Recht hat.

Beute(l). Wer nicht richtig ausbeuten kann,
gilt nicht als richtiger Chef.

Von Herr und Knecht würde nur einer tauschen.

Ochsen wählen sich Ochsen zu Ochsentreibern.

Allen Genies der Welt fehlt nur eins:
dein Talent.

Wer nur die liebe Welt lässt walten: Einst wurden
Knechte beherrscht, heute nur verwaltet.

Wer partout kein neues Kapital auftreiben kann,
schreibt der Welt am besten ein neues „Kapital".

Worst of the life, best of the rest? Arbeit zerstört
mehr Menschen als die bearbeitete Umwelt, und
Knechte zerstören sie auf Geheiß ihrer Herren.

Quiet quittung, innere Kündigung, äußerer Dienst
nach Vorschrift, schafft Kraft für Freizeit-Kür.

Im Alter sieht ein Leben erst, dass es stets
ein Parforceritt übern Dachbodensee war.

Ist etwas zu gebrauchen, ist es keine Kunst,
sondern Kunstgewerbe.

Man büßt das Schöne mit dem Hass.

Es kommt ja nur auf die äußere Wertlosigkeit an!

Müssen Unternehmer vorm Jüngsten Gericht
sich rechtfertigen für die Industrieprodukte,
die sie verkauft haben?

Muss man mit den Steckenpferden wiehern
und mit den Salonlöwen brüllen vor Lachen?

Intelligente Fragen verdienen aphoristische
Antworten, dumme Probleme dicke Romane.

Ich rede mit mir selbst, höre nicht hin und lang-
weile mich zu Tode. Selbstmord ist untersagt.

Zuschauer können nicht spielen, Schauspieler
nichts sehen, und Regisseure müssen nie zahlen.

Ein Kopf soll Gedanken aufhalten,
ein Bauch Verdautes weiterleiten und ein Herz
beide mit Be- und Verstimmungen abstimmen.

Jeder Demokrat darf seine Meinung öffentlich
äußern und deine offen überhören.

Ein hingebungsvoll Liebender will
nur seinen klaren Kopf nicht behalten.

Wird eine Sturmfrisur im Wasserglas gewaschen?

Der HErr steh uns bei, die wir nur bei Ihm stehen.

Erlebe heute lieber etwas Neues,
als in Zeitungen die News von gestern zu lesen!

Abonnenten dürfen sich nach Nachrichten richten

Schlägt der Geistesblitz in einen Kopf ein,
setzt er seinen Gedankengang langsamer fort.

Wer am Ruder nicht rudert, bestimmt den Kurs
als Fahrtrichtung und Börsenwert.

Was lässt sich vom Endziel aus erreichen?

Bist du mit deinem Kirchenlatein am Ende,
versuch es mit dem Religionshebräisch.

Besiegt die Liebe den Tod eher im befristeten
Krieg oder im ewigen Arbeitsfrieden?

Gastronomical correct. Schnaps schreckt ab, Bier
streckt hin, Tee weckt auf, und jedes schmeckt.

Wer Aphorismen schreibt, der bleibt – ungelesen.
Sie drehen dir den Kopf im Munde um.

Dieser Aphorismus ist nicht quälend dunkel,
hoch und tief oder paradox genug.

Lakonie. Anfang und Ende eines Aphorismus
müssen ununterscheidbar sein.

Leben, vom Geist festgehalten, geht nie vorüber.

Wem es gelingt, sich von mir besiegen zu lassen,
der hat mich für sich gewonnen.

Redefreiheit sollte nicht Redseligkeit werden,
Versammlungsfreiheit nicht Vergesellschaftung,
Unternehmungslust nicht Gewerbefreiheit und
Gedankenfreiheit nicht Gedankenlosigkeit.

Du pflegst deinen Geist nicht zu pflegen.

Platons Idealismus : weltbildschön, vorbildschön
und nur wahrscheinlich (sc)herzensgut.

Die technischen Mittel zur Lebenserleichterung
belasten doch sehr.

Lach dich krank oder tot! Ist *Kants* Ding an sich
umso richtiger, je falscher es erscheint?

Setz uns so lange mit Gesetzen in Sätzen zu,
dass wir uns entsetzt ohne Widerstand setzen!

Der Mund ging auf, doch die Macht schien helle.

Augen übersehen, Ohren komponieren, Herzen
überschlagen sich, Zungen verhören sich, Beine
verhandeln nicht und Hände überrennen alles,
doch Bäuche füllen Köpfe.

Zur Not Notizen in Noten. Aphorismen sparen
das Wesentliche aus, nicht das Unwesen.

Es könnte einmal ... Aphoristiker dürfen ihren
Sätzen nennenswerten Widerstand leisten.

Hast du lebenslang Aphorismen geschrieben,
ohne zu bemerken, dass du es gar nicht kannst?

Ein Philosoph hat seine Epigonen und Kritiker
heute vor seiner Geburt.

Demokratie heißt, dass man noch Widerstand
leisten kann, ohne ein Held sein zu müssen.

Wenigstens danke man Aphoristikern für
die dicken Wälzer, die sie nicht schreiben.

Meine Bücher sind nicht von mir geschrieben,
sondern von einem Namensvetter, der auch
die mageren Verkaufserlöse einstreicht.

Denken ist allgemeingültig oder Idiotie.
Selbstdenker erreichen mit ihrem Eigensinn
mehr Meinungen als Realität.

Dünne dürfen in Medien nicht mehr Dicke, wohl
aber Dicke noch Dünne spielen : Das ist Kunst!

Viel Erfolg bei der forschen Erforschung der
unbekannten 96 % des Alls mit einziger Hilfe
der bekannten 4 % hellen Materie in den nächsten
1.000 Jahren! Warum muss sich hinter der *Dunklen Materie* des Alls nur ein einziges bekanntes
Elementarteilchen verbergen und nicht ein
ganzer unbekannter Teilchenzoo?

Verkleide dich als Schweinebraten! Was nicht
klug und mutig ist, muss noch nicht schön sein.

Wer krank ist, hat etwas, was ihm fehlt. Ich habe
nichts, mir fehlt nichts – als ein guter Arzt.

Seit du erwerbsunfähig bist, geht es dir besser.

Weltbild : *Faible convenue*. Gesellschaft:
Konflikt als debattierter Konsens. Individuum:
Konvention, die sich für In(ter)vention hält.

Menschen kommen aus dem Wasser, aus dem
sie fast ganz bestehen, schreien nach Luft, die
sie füreinander sind, hüten das Feuer, vor dem
sie sich hüten, und werden dann wieder zu Erde.

Jedes Ding hat seine zwei Seiten,
eine physikalische und eine natürliche.

Wer Segel sieht, lässt sich treiben.
Wer Schlegel liest, will schreiben.
Wer Hegel liest, lässt es bleiben.

Heute lese ich Kants Kritiken, morgen etwas
Schwierigeres. Heute lese ich Morgenstern,
morgen etwas Leichteres.

$1 / 0 = 0 / 0 = 10 / 0$. Glaub an Logik, nicht dem
Logiker, doch an Gott mehr als der Logik.

Eine Arznei ist wie jede Ursache
die Summe ihrer Nebenwirkungen.

System : Kontext von kontingenten Fakes.
Fakten : Inkonsequenzen der Systeme.

Woran sterben Ärzte, was lernen die Lehrer,
wie lehren Lehrlinge, wie wohnen Architekten,
die Scheiße bauen, studieren Rechthaber Jura?

Individuum: Gesellschaft von meisterhaften
Spießgesellen, -bürgern und Ungelehrlingen.

Wer Krankheiten fürchtet, flieht auch Ärzte.
Wer Verbrechen scheut, hasst auch Polizei.

Medizinstudium ist die beste Medizin des Arztes
gegen seine Armut.

Der Mathematiker geht *summa summarum*
in die Brüche, wenn er seine Wurzeln vergisst
und seine Potenz oder Divisionen an integrierte
und differenzierte Unbekannte verliert.

KI (künstliche Intelligenz) hat den niedrigsten IQ,
weil sie aus der bloßen Masch(in)e kommt. O. K.
(organisierte Kriminalität) geht eher k.o. als o.k.

Aphoristiker produzieren (sich in) Wittgensteins
Spruchspielcasino. Auflösung in All und Nichts
als Problemlösung ohne Erlös oder Weiterleben
im Gedenken des Himmels?

Der Aphorismus ist die Angel, die mit literarischen Würmern nach philosophischen Fischen
ausgeworfen wird.

Auch Selbstjustiz ist nicht durch Selbstjustiz
zu ahnden.

Dummheit ist mit Zufriedenheit belohnt,
Witz mit Schwermut gestraft.

Wer mit seinem Latein am Ende ist, beginne
mit Küchenhebräisch oder Religionsarabisch.

Muss man Unbezahlbares verhungern lassen?

Du sprichst inzwischen fließend Aphoristisch
mit etwas philosophischem Akzent.

Ist nur der ungesellige Einzelgänger frei,
und macht Gesellschaft dich von allen
wie alle von dir abhängig?

Lenkt eine Ostfront auch nur von der Westfront
ab wie die Außenwelt vom Innenleben?

Am besten passt die Welt dem,
der nicht in die Umwelt passt.

Der Aphoristiker spielt nur den Sterblichen.

Dichter : So viel Buchstab wie Bettelstab.

Gefangene Grillen

Hasst Freund Hein die Selbstmörder auf den Tod?

Nur im Tod hörst du auf zu sterben,
doch ist dein Leben sterbenswert?
Könnte man nur etwas häufiger sterben!

Jedes Urteil verbirgt auch einen Justizirrtum,
jeder Aphorismus auch eine ironische Wahrheit.

Nur überstandene Krankheiten und Risiken
immunisieren gegen riskantere.

Ein Genussmensch kämpft lebenslang vergeblich
gegen den Verdruss- und Überdrussmenschen
in sich. Nur freies Opfern ist Genuss ohne Reue.

Wo bei Hegel die Kunst in die Religion, die
Theaterkomödie in die Christustragik übergeht,
konvergiert Schlegel vom Ironismus zum Katho-
lizismus und nicht zu Hegels Protestantismus.

Aphorismen gehen aus der Enge des Lebens
in die Weite der Ideen, konzentriert verstreut.

Geht Hegels Geist vom versoffenen Schauspieler,
der erst Hamlet und dann den Hanswurst spielt,
zum Ewigen, der als Bettler auftritt?

Ist Philosophie die intellektuelle Autobiographie
eines Menschen, und sei es, um über die Lebens-
traumata träumerisch hinauszugelangen?

Der Alte log sich schon die logischsten
Grabsprüche auf sein Leben.

Sagenhafte Weis-Sagen : Orakel der geistig Zerschlagenen und vom Himmel beschützten Toren.

Die Mütze ist die Melone des Knechts,
der Zylinderhut das Käppi des Herrn.

Nur die im Sack gekaufte Katze lässt das Mausen.

Der Mime will sich und seine Zuschauer zwei
Stunden lang vergessen machen, dass er weder
Hamlet noch Shakespeare noch sein Zuhörer ist.

Hängt Religion denn am ko(s)mischen *Urknall*,
den ihre Todfeinde haben?

Was sind das für große Zeiten, in denen Zeitloses
so klein geschrieben wird?

Das unendlich Kleine der Subatome ist der weite
Himmel der Naturforscher, aber ist jedes All nur
ein Atom beim Allmächtigen?

Ehen werden wegen Geisteskrankheit
geschlossen und an Feiertagen eröffnet.

Wer kann den Abgrund zwischen sich und
seinen Atomen (und Aromen) überbrücken?

Das Glück verdankst du so wenig dir
und das Unglück anderen wie umgekehrt.

Wer unendlich Vieles über unendlich Weniges
weiß, weiß am Ende alles über nichts und
gar nichts übers große und kleinste Ganze.

Wer sich (für) einen Narren hält, ja, an sich selbst
einen Narren frisst, ist darum noch nicht weise.

Kurzgeschichten sind oft nur aufgeblasene
Romankonzentrate, also zu lange Aphorismen.

Wunderschönes gibt es in Religionen, sonst nur
verwundernswert geschöntes Wundenschlimmes.

Fortschritt : Jedes neue Wissen erzeugt nur neues
Unwissen, praktische Änderung nur Verschlimm-
besserung, jede Perfektionierung neues Chaos
und jede Problemlösung weit größere Probleme.

Übergute Menschen erregen üblicherweise
mehr Übelkeit als üble Leute.

Wen es juckt, andere oder an anderen zu kratzen,
den quälen bald Quaddeln.

Aphorismen : Zwergsatiren auf Lebensweisheiten
und -erfahrungen, gefangene Grillen, gezuckerte
Pillen und gefallen(d)e Hüllen.

Die Leute sagen dir, was sie denken, und deine
Aphorismen sagen ihnen, dass sie falsch lügen.

Biblischer Kreationismus ist eine geistesblitz-
schnelle Theorie und lässt allen Evolutions-
gesetzen alle Zeit der Welt zugleich.

Adel ist Faustrecht, Verarbeiten veredelt.

Cortez und Pizarro, welche die Inkas plünderten und ausrotteten, waren keine kirchlichen Missionare, aber der Atomphysiker in Bombenstimmung ist ein Missionar mit Teflonbratpfanne und Wasserstoff-Auto.

Solange Black Holes fressen, kotzen sie nicht. Wenn sie satt sind oder nichts mehr finden, lauern oder verhungern sie. Wie es in ihnen wohl aussieht? War die Ursingularität ein Schwarzes Loch von Planck-Länge?

Aus arbeitsteiligen Spezialkenntnissen entsteht nie wieder ein brauchbares Ganzes und Bild vom Ganzen, so wenig wie man das einfachste Ichgefühl jemals aus seinen vermeintlichen Elementarteilchen erklären kann. Die Welt besteht nicht aus Quarks und Quanten, sondern lässt sich nur mit künstlicher Gewalt darin zerlegen, was ein Riesenunterschied ist. Und dass zwischen mikro- und makrokosmischen Dingen eben hyperkomplexe Verbindung herrscht, ist die typische naturwissenschaftliche Ausflucht und bloße Spekulation, die dort doch sonst so verhasst ist.

Bei Mutter Natur missioniert heute keine friedliche Mutter Kirche mehr, sondern aggressiver *Big Brother* der Naturwissenschaftsreligion!

Religion hängt nicht am ko(s)mischen
„Urknall", den ihre Todfeinde haben.

Die Geschmäcker sind nicht so verschieden
wie die Abgeschmacktheiten.

Das Leben liefert die Unverträglichkeiten,
die Kunst vergleicht sie.

Welchen Kurs du einschlagen sollst?
Frag die Aktionäre!

Vollendet strahlen nur unvollendete Fragmente.

Erst Ignoranz macht Urteile unvoreingenommen.

Aphorismen schwanken zwischen romantischem
Naturalismus und realistischem Unsinn.

Der erste und der letzte Denker haben es am
schwersten und verstehen einander doch nicht.

„Das Kapital", um Marxisten zur Revolution, und
Revolution, um ihnen zum Kapital zu verhelfen?

Makrokosmische Quanteneffekte : Naturwissenschaft verändert die untersuchten Naturgesetze.

Selbst wenn du im zweiten Leben einiges anders
machen würdest, liefe es doch wohl in die gleiche
Richtung. Alles ist Schicksal, was du aber erst am
Ende siehst, nach vielen freien Entscheidungen.

Man macht sich die Hosen voll und
kriegt doch nie die Scheißvollmacht.

Legal ist, was allen Herdentieren gemeinsam ist.
Legitime Moral wiegt auch das Individuum.

Lieber zu gewitzt oder zu witzlos als zu *woke*!

Kunst : Jeder hat das Recht, verspottet zu werden.

Eher stammt der Affe vom Menschen ab,
wenigstens von Zeitgenossen, die auch nicht
dichten, denken, malen und komponieren können.

Astrologische Ignoranz nennt sich
heute astronomisches Wissen.

Wenn man nichts verändert, wird nichts bleiben,
wie es ist. Also bewirkt *Tunix* am meisten.

Wie wird der Himmel uns aus dem prophezeiten
Zusammenbruch unserer Hochkulturen retten?

Geborene Verlierer erkennt man im Startloch
an untherapierbarer Gewinnsucht.

Jeder sieht im Spiegel seine himmlischen Vorfahren und tierischen Nachkommen oder umgekehrt.

Viele Affen äffen Menschen nach und umgekehrt.

Ging *Fr. Schlegel* nur vom ironischen zum katho-
lischen Extrem, oder sah er im Bruchstück schon
immer das Ganze, im Endlichen das Unendliche?

KI sollte wie Verbrechen behandelt werden,
die sich ja auch gelegentlich bezahlt machen.

Wie soll ich noch rational steuern, was mich
ja gerade rationell steuern soll? **KI** hilft mir nur,
mir selbst nicht mehr helfen zu können.

Das Licht deiner Vernunft holt aus dem Chaos
mehr Komisches als Kosmisches hervor.

Dein Nachbar ist ein Himmelsgeschenk,
das dir Abwechslung beschert und Zeit verkürzt.

Erst was die nackte Wahrheit liebt oder hasst,
wirkt kleidsam. Kleiderordnung ist Hackordnung.

Wer sich selbst auf den Arm, die Schippe
und die leichte Schulter nimmt, verrenkt sich.

Gewesenes Kind, verwest gewesener Mensch
und weißer Wilder gegen alles Unwesen?

Vernunft wirkt in verrückter Welt
noch verrückter.

Machenschaften der Wissenschaften sind mehr
zum Lachen als Leidenschaften der Dummheit.

Chaplin war stolz darauf, einen Menschen nur
spielen zu können, über dessen Tolpatschigkeit
andere lachen und sich ungestraft erhaben fühlen
können. Clown Sartre verstand keine Clowns.

Sommerlich ungeniert lebende Bierfässer
sind schon eine Zumutung nicht nur am Strand.

Der Himmel schenkte dir jenen Menschen, der
dir alles schenkte, damit du ihm alles bescherst.

Die Außenwelt ist alles, was der Ausfall ist.
Die Geisteswelt ist alles, was der Extremfall ist.
Die Scheinwelt ist alles, was der Sonderfall ist.

Zeitgenosse, nackt im Licht, verhüllt im Bett,
am Bauch gekitzelt und im Hirn gewaschen?

Wenn ich Idealist nicht mehr an dich denke,
hörst du auf zu sein und existiert zu haben.

Lass welke Blumen bei dir
ihr Gnadenwasser trinken!

Der Aphoristiker kitzelt Leser dort, wo er kitzlig
ist, und widerlegt sich, um unbeweisbar zu sein.

Erst strampelt man, dann hampelt man rum, dann
pampelt man Musen und trampelt auf Busen.

Es gibt nichts Praktischeres als eine gute
Theologie und nichts Theoretischeres
als den Pragmatismus.

Theologen sind berauscht vom weißen Hinter-
grundsrauschen des Alls.

Sind nur Wissenschaftler wissensdurstig genug,
um auch oft genug über den Durst zu trinken?

Es gelang Sir Karl *Popper* bis zuletzt nicht,
seinen Falsifizismus prinzipiell falsifizierbar
genug zu formulieren. Erst zehn Gegenbeispiele
widerlegen eine Theorie, nicht schon eine einzige
Ausnahme, welche sie nur bestätigt.

Pausbacken hausbacken. Ein dunkler Denker,
der niemandem etwas sagt, hat etwas zu sagen.

Die Irrenanstalt ist die Höchste Lehranstalt
für Größenwahnsinnige, die alles wissen.

Adorno fuhr mit Hegels unterdrückten Ausfüh-
rungen fort und schnitt ihm bauchrednerisch
das erste und letzte Wort ab.

Der Klügere gibt nur vor nachzugeben,
damit der Dümmere keine Geldgeber überzeugt.

Ein regalierend volles Regal ist legal und nie egal

Luft und Wasser sind gut genug für uns Drecks-
kerle, das Feuer brennt, außer in unseren Adern,
und die Erde dreht sich ruhig weiter um uns.

Was sind die Geburtshelfer einer besseren Welt:
soziale Revolutionen, technische Innovationen?

Ferkelei ist die Kinderei der Schweine,
Abort die Ferkelei der Unmenschen.

Der Zeitgenosse versteht von dentaler Karies
mehr als von Kants transzen´dentaler Deduktion
– und weiß deshalb herzlich wenig.

Die *Bel Epoque* zwischen Weltausstellung
und 1. Weltkrieg war die Luxusausgabe der
Goldenen Zwanzigerjahre zwischen den Welt-
kriegen und der heutigen Spaßgesellschaft:
Tanz auf dem Vulkan und Leichenberg.

Der Schöpfer hat via Natur stets die besseren
Ideen, sein bestes Geschöpf aber die Idee, dass
das nicht stimmen darf.

Ist der Mensch sterblich, weil er nicht denkt oder
denken kann oder solange er keine ewigen Wahrheiten findet?

Philosophen sagen echte Dummheiten,
ihre Zeitgenossen nur falsche.

Wer bestimmt den, der dazu taugt zu bestimmen,
wer etwas taugt?

Mancher hält sich dogmatisch offen für Neues,
ein anderer bleibt jung durch ewiges Festhalten
des Lebens in und an ewigen Worten.

Schreiben Gerontologen prägnan(zgebilde)tere
Aphorismen?

Ein König soll nicht die Einheit des Landes
repräsentieren, sondern das Volk vorm Hochadel
schützen, der ihn vom Volk trennt.

Künstler durchbrechen keine alles beherrschenden Systemstrukturen, sondern schaffen sich noch zusätzlich eigene.

Theorie und Praxis passen so wenig zusammen wie Träumer und Täter, wenn Religion fehlt.

Theorien denken meist viel zu praktisch, und aktives Engagement triumphiert nur in der Theorie.

Es gibt auf der Welt nur Steine, Pflanzen, Tiere und dich.

Hier liege ich im Buch begraben, nachdem
so viele gelesene Bücher in mir vergraben sind.
Häute dich jung in Schriften!

Gern Gaukler gegen Gauner? Einige Potenzmittel eignen sich als Suizidmedikamente.

Gebildete Holzköpfe lesen sich auf Holzstühlen durch ihre nutzhölzernen Bretter vorm Kopf.

„Die Gesellschaft der Singularitäten" *(Reckwitz)* ist einfach nur das Gespräch von Individuen.

Kein Autofahrer ist der Navigator seines *Navi*
und steuert sich in zielloses Rumkutschieren.

Pandemie. Die ganze Corona hatte schon ihr
Corona und wartet auf ihren Koronarinfarkt.

Der Philosoph weiß heute alles, was zu seinen
Füßen liegt und sitzt, doch nicht, warum ihm
der Himmel auf den Kopf gefallen ist.

Aphoristiker liegen zwischen Satzverkäufer aus
Eigenproduktion und Satzwebel. Sie taktieren nie,
sondern traktieren durch vertrackte Retraktionen.

Gute Biographien von Berühmtheiten
interpretieren nur Anekdoten über sie.

Wenn alles Leben laut *John Locke* nichts ist,
was ist dann das Ableben und die Zeit danach?

Dein Spiegel ist in Büchern bildlich beschreibbar
und beschriftbar.

Stirbst du, oder was stirbt in dir ab
oder kommt noch hinzu?

Nichts Menschliches, aber alles Unmenschliche
ist dir fremd?

Kreißt Mutter Natur, wenn das Sterben sich durch
den Geburtskanal ins ewige Leben quält?

Der Tod ist oft der Feinschliff am Grobian Leben.
Das Fehlen von Leibesempfindungen heißt Seele.

Alles- und Nichtssagendes langweilt. Sag also
das Meiste im Wenigsten statt nichts in allem!

Sparst du in der Not, dann hast du noch im Tod.

Hat sich je amor´teasiert,
was man in Ehen investiert?

Religion ist die relative Idee von einer absoluten
Wahrheit. Will dein eigenes Urteil nicht verurteilt
werden, leugnest du sie.

Der Todesengel ist wohl kein Schutzengel
und der Bote nicht die Botschaft, aber spricht
die Natur vieldeutig pointiert wie Aphorismen?

Einst war alles schlimmer, doch schöner,
weil du jünger warst. Einst war alles besser,
doch schlechter, weil du es nicht hattest.

Eitelkeit ist moralischer als Egoismus, doch
viele Lehrer sind Schauspieler ihrer selbst.

Lernen heißt anderes vergessen,
und lehren will verlernen lassen.

Alles, was heute zugunsten von Kunst, Religion
und Philosophie gesagt wird, spricht gegen sie.

Philosophischer Begriff als Zeitdiagnostiker muss
zu allem wesentlichen Unwesen etwas sagen. Das
kann er nur als Aphorismus, der ja mit allem nur
noch spielt, um ihm sein Übergewicht zu nehmen
und sich dagegen ohne beweisbare Behauptungen
zu behaupten. Unfertiges fertigt alles besser ab.

Platons Urbilder sollte es tatsächlich geben,
damit ein Nietzsche keine Trugbilder bekämpft.

„Wahrscheinlich falsch" ist das genauere Urteil
über ein wahres Urteil.

Bester ist, wen alle für den Zweitbesten halten.

Man darf nicht gegen Leute gewinnen,
die man für sich gewinnen will.

Moral : Den guten Verlierer zu spielen, ist ein
Versuch, den Sieger doch noch zu besiegen.

Der Fortschritt ist eine gewagtere Theorie
als jede Theologie.

Platon. Sollte man seinen Idealismus realisieren?
Keine so gute Idee!

Ein Geizhals stirbt noch an geplatzter Blase.

Hasst man, was man bewundern muss,
und liebt, was man verachten darf?

Gastfreundschaft : Mast- und Lastseilschaft.
Feindesliebe, Freundeshass, Kinderhassliebe?

Kunst, ob Im- oder Expressionismus, ist immer
Narzissmus und Depressionismus zugleich.

Bereust du, was du getan hast, oder
dass du so bist, gefehlt haben zu müssen?

In wem liebst du dein bereichertes Leben
über den Tod hinaus?

Quantenphysik erfasst die mikroskopische Fortsetzung der relativistischen Lebensparadoxien,
und gequantelte Aphorismen messen die makro-
ko(s)mischen Quanteneffekte. Auch in Xanten
am Rhein sitzen Quanten am Bein.

Jeder Aphorismus ist so abgeschlossen wie ein
Sarg, jede Aphoristik unabschließbar wie das All.

Im Aphorismus vereint sich die Konsequenz
des Denkens mit den Kontingenzen des Lebens.

Der Manager meditiert *Kaizen*, um mehr Nut-Zen
zu erwirtschaften. Seine Frau versenkt sich in
Put´zen, Glot´zen und Schwat´zen. Dem Normal-
verbraucher bleiben nur Mot-Zen und Kot-Zzen.

Jappadappadu, rief Fred Feuerstein im Felsauto.
Doubidoubidu, ruft der Jabberwocky im E-Mobil.

Je verlustreicher das Fest, desto lustvoller
der Rest im lästigen Nest der Festung.

Nieten halten nicht nur die Jeans der Welt
zusammen.

Philosophie war ein langsamer bemannter
Geisteszeppelin, Spionageballons sind
unbemannte Kriegszeppeline von heute.

Martialisch bekämpft Pazifisting den Krieg(er).

Gegen die Syphilis verschrieben Quacksalber
einst Quecksilber.

In Transsylvanien wütet der Vampir, in Fabriken
hier der Blutsauger als Blutspender.

Die wahre Opposition ist nicht die linke
oder rechte Partei, sondern die Religion.

Die Mehrheit der Memmen im Parlament wird
ständig von der Heldenminderheit überstimmt.
Ist das noch republikanische Laiendemokratie?

Heldentaten leiden unter Rechtfertigungen,
Flüchtlinge unter Illegitimitäten.

Jeden Morgen erwachst du in deinem leeren Bett.

Stürm die Burg aus Felsen,
stütz und schütz dein Bett aus Pappe!

AI *(Artificial Intelligence)* and I *(Ich)*:
IQ (AI) = 200 *(2023)* und IQ (I) = 100.
IQ (AI + I) = 150 oder 300 oder 2?

Wer das Glück hat, dass ihm etwas glückte, ist
nicht glücklich, aber fühlt, dass er glücklich war.

Das Ende vom Anfang musst du unbefangen
ab- und einfangen, damit du dich im Beginn
von Gewinn nicht verfängst, doch überwirf
dich mit deinem Unterfangen!

Gegens Wissen des Kräuterweibleins Hildegard
von Bingen ist bis heute kein Kraut gewachsen.

Isolation ist die Ehre des unbestechlichen
Individuums, das Gegenteil von Rudeldenken.

Kranke Gatten sind einsamer als gesunde Witwer.

Wer ist lieber ein mittelloser Poet
als ein mittelmäßiger Politiker?

Nieder mit dem PKW, es lebe Bus und Bahn, Fuß
und Fahrrad : Baut die *Öffis* aus, und die Argu-
mente der Autonarren fallen in sich zusammen!

Kitzlig wird es, wenn die berechtigte Kritik
an Links*wokeness* den Rechtsdemokraten
vom Rechtsdemagogen trennen muss.

Die gesellschaftlichen Probleme sind nun groß
genug, dass sie für sich selbst sorgen können.

Durch endloses Beifallklatschen kann man
Redner auch zum Schweigen bringen.

Linke sind oft Leute, die fremdes Geld verteilen,
das sie zu Diebesgut erklären.

Vorm Ab- und Anfangen
kommt das An- und Abwerfen.

War Wotan den Germanen der einzige Held
unter lauter Muckern und Waschweibern?

Mancher hat ein gutes Herz
und einen schlimmen grimmen Bauch.

Der Optiker betrachtet das Auge des Astronomen,
das Sterne betrachtet, sieht aber selber Sterne nur,
wenn ihm der Sterngucker auf den Kopf haut.

100 Philosophen an einem Ort wirken komisch.

Ist der Tod ein Höhenflug oder Tiefsturz
oder ein Sturzflug aus großer Fallhöhe?

Die moderne Tierfreundin ist ihrem Dackel
hündisch ergeben und pariert ihm aufs Knurren.

Freund Hein kocht den Würmern
gern einen Satansbraten aus uns.

Wer sich nach einem Geldstück bückt,
reckt seinen Hintern zum Himmel, um nicht
nur Platons Idee des Hinterns zu erreichen.

In einem freien Land, wo es keine Zensur gibt,
gibt es nur Zensoren.

Wer bricht sich den Hals, um den man ihm fällt?

Bücher werden von Lumpen auf Lumpen geschrieben, zu hohe Dichter und zu tiefe Denker.

Ist ein Freimaurer auch Freitischler und Freigeist?

Freihandel ersetzt keinen Freigeist,
doch ein Tod mit Höhenflug den Höllensturz.

Wann ist nur Schuld die Sühne
oder Beichte der Schuld?

Dass ich beredt schweige und nur Nichtssagendes
vielsagend äußere, muss unter uns bleiben, klar?

Er ist lächerlich, das Lachen theoretisch ernst zu
nehmen. Theorien des Komischen sind komisch.

Das Leben ist ein einzigartiges Geschenk
und eine schöne Bescherung.

„Es wird doziert, dass Denken höher stehe als Ironie
und Humor, und das wird von einem Denker doziert,
dem der Sinn für das Komische vollständig abgeht.
Wie komisch!" *(Kierkegaard zu Hegel und Schelling)*

„Warum empfinden wir einen grammatischen Witz
als tief? (Und das ist ja die philosophische Tiefe.)"
(L. Wittgenstein)

Lacht der Schöpfer über alle Versuche seiner besten Geschöpfe, seine Schöpfung zu verbessern,
und lacht der Mensch über seine schlechte Welt?

Denken ist die Ejakulation seines Oberstübchens,
Auswurf der einzige Gedanke seines Unterleibs.

Meditation : Man erhebt sich über Untergang
durch Tiefgang, indem man sich versenkt
gegen seine Erhabenheit.

Gibt es Edelmut und Ekelwut gegen Eselsmut,
kennt ein Herz für Bettler auch Infarkte
und Metaphysik sogar Witze über Witz(e)?

Wer viel denkt, denkt eher an sein Bauchweh
und Herzeleid als an seinen Kopf.

Wenn du betest, betet dein Fuß
nicht wie dein Knie mit.

Warum darf der Greis nicht so grau aussehen
wie ein Backfisch knackfrisch? Kids wirken
heute oft senil wie Geronten infantil.

Wer verstummt vor hohem Himmel wie vor
Höherer Mathematik, Quanten und Quarks?

Aphoristiker wollen und sollen nicht schreiben,
was wir hören wollen, sondern lesen sollen.

Vorsicht vor Respektspersonen, die Rücksicht
nehmen auf dich, indem sie dir in den Rücken
fallen und nie das Nachsehen haben!

Wenn Erziehung glückte, würde jede Generation
eine bloße Kopie der vorigen.

Schlegel stellte Hegel, Hegel stellte Marx,
Marx stellte den Proleten auf den Kopf.

Sinnklusive Sinnformationen
der Sinntellektuellen nehmen schier überhand.

Aphorismen, seid fruchtbar und mehret euch!
Diese Resümees und Bilanzen der Geschichten,
die nicht mehr erzählt werden können, wollen
die Schwindler schwindliger machen mit *Bulls*.

Ein guter Aphorismus macht weniger Worte
als Kopfweh.

Wir sind schon übers Ende hinaus
und glauben uns noch unterwegs.

Wer regt sich über unaufgeregte Leute nicht auf?

Zeit lässt sich nie bewahren durch Aufbewahren.

Zwei Stunden lang kam sein Schwanz, zur dritten
Stunde der Mann selbst zur Welt, sagt er gern.

Nichts schweißt eine Herde mehr zusammen
als Furcht und Flucht vor Schlachtern.

Weinlese. Jeder lernt Lesen, also die Lektion,
dem lieben Nächsten eine Lektion zu erteilen,
um Lektor fürs Buch seiner Natur zu werden.

Verspotten wirkt mehr als Verfolgen.
Hohn als Lohn ersetzt den Thron des Tyrannen.

Jede Definition ist eine Verurteilung oder Satire.
Lexika sollten ganz aus Aphorismen bestehen.

Beziehung. Jeder erzieht Kinder dazu,
ohne ihn davonzuziehen.

Zu viel Salz, zu wenig Schmalz in den Hals?
Man kann auch Schmalz versalzen.

Wie wird aus dem Dingelchen ein Ding, aus dem
Ding ein Unding, aus Undingen ein Umweltchen?

Der unabnabelbarste Nabel der Welt
bleibt die eigene Nabelshow.

Ein Kind, das du zu lange im Arm wiegst,
wird dir immer schwerer.

Luft und Wasser sind sau´ber genug für uns
Dreckschweine, das Feuer brennt, außer
in unseren Adern, und die Erde dreht sich
ruhig weiter um uns.

Ich wiege mich in der Hoffnung, immer leichter
und (ge)wichtiger zu werden.

In modernen Zeiten modischer Neinsager
ist der Ja(wohl)sager der einzige Rebell,
noch vor der beliebteren Jeinsage.

Erdbeben sind Naturschauspiele,
wo die Natur eine Rabenmutter mimt,
die keinen Zuschauerbeifall duldet.

Passiert zu jeder Tageszeit tatsächlich mehr
(die Zensur), als in die Tageszeitung passt?

Mutter Natur wird von der Naturwissenschaft
einer peinlichen Befragung unterzogen,
wo das experimentelle Folterverhör
als freies Geständnis gewertet wird.

Haben Nixen wie Hecksen nix im Kopf
wie im Schoß?

Ein Aphorismus braucht Sekunden, um ein langes
Leben, der Romancier Wochen, um einen Tag
daraus zu erzählen.

Alter gibt zu kurzer Jugendpoesie endloser Lyrik
die lebenslange Prosa, verkürzbar zu Sentenzen.

Ungeduld bis zum fertigen Buch, das dann vor
der Lebenszeit erschrickt, die es gefressen hat.

Buchkultur ist lebendiger Totenkult. Lebende
denken an Großartiges, Sterbende an Kleinkram.

Der Himmel verbirgt höhere Himmel,
die Tiefe nur Untiefen.

Unsere Erbtugend ist eine Jugendweisheit,
Erkenntnis des Bettes wie Brettes vorm Kopf.

Ob Seelenwanderern ihre Sentenzen weiterhelfen
bei künftigen Mitmenschen?

Ständig rennt der Dichter offene Türen ein
zum Ausgang seiner Geschichten und zum
Eingang ins Irrenhaus.

Je mehr Ausdrücke du findest,
desto mehr Eindrücke suchst du.

Mein Wort will am Ende nicht in
Stein der Naseweisen gemeißelt sein.

Beißt der Veganer ins Gras, das er frisst?

Bei Verdacht auf Denken sofort desinfizierende
Gedankenauffangschalen darunter stellen!

Die Außenwelt ist für Innenwelten ein Indiz,
Symptom oder Symbol außerweltlicher Dinge.

Im heiligen Stand der Ehe hat er das Wahre,
sie das Schöne und ihr Kind das Gute?

Will jeder über den anderen nur lächeln dürfen?

Wer nachdenkt, hat eine Idee von mehr
als angeborenen und erworbenen Ideen.

Es gibt nur einen Stammbaum des Überlebens,
aber viele Schlagbäume der Selbsterkenntnis.

Deine Zunge löst die Probleme,
die meine spitze Zunge lösen.

Ist mein Hirn das *Schwarze Loch*
im Herzen deiner geistigen Milchstraße?

Der Aphorismus vereint die Toleranz gegen
Widersinn mit der Intoleranz gegen Biedersinn.

Der Uni-Philosoph geht auf den Gedankenstrich
durch die Rechnung der Volkswirte.

Denken erspart Lesen, Lesen erspart Erfahrung,
und Erfahrung erspart das „Prinzip Hoffnung".

Wie kann ein Autor den Blickwinkel, aus dem
sein Werk lächerlich wird, in sich aufnehmen,
um es zu fördern? Ein Denker wirkt nicht ausge-
lacht, wenn er alle Blickwinkel selbst untersucht.

Einen Autor in seinen Romanhelden zu analy-
sieren, hat selbst ein *Freud* so wenig vermocht,
wie aus dem analysierten Künstler dessen Werke
vorherzusagen.

1000 Krieger wirken nicht so komisch wie 100
Liebespaare auf einem Feld. Ein Liebespaar
wirkt gewöhnlicher als zwei Streithähne.

Besteht das Irrenhaus aus Steinen der Weisen
wie das Freudenhaus aus Spielkarten der Toren?

Der Leser sieht Gespenster, denkt sich die Leiber
hinzu, bis er Körper sieht, die ihre Seelenlosigkeit
verbergen.

Sein Werk bleibt dem Aphoristiker treu.
Es verkauft sich nicht.

Buch : Gehirn gewaschen in Tinte
und Druckerschwärze.

Kunst verwandelt Erdbeben und Herzbeben
ineinander.

Manchem ist gleichgültig, ob Wahrheit
oder Irrtum. Er muss aber nicht falsch sein.

Gelehrtentyrannei, Dichterrepublik,
Denkerdemagogie : Was unterscheidet
Auto(r)biographien und Romane?

Politiker schreiben Geschichte, Historiker
handeln schriftlich, Poeten machen Geschichten,

Guide Michelin : Jüngstes Gericht über neueste
Gerichte, wenn kein Weithans Küchenlehrling ist.

Aphorismen und Systeme sind Siege des Kopfes
übers Herz von Gedichten und Romanen.

Schreib nur Debüts,
niemals verbesserte Fortsetzungen!

Sentenzen, anders als Systeme, die Gedanken
zusammenfassen, sind Augenblickslaunen, die
Gefühle zusammenfassen, statt Lebensresümees.

Die Zeit flieht dahin ins Vergessen oder in Werke
oder Ziele von Zielen.

Verlängern geistige Höhen und Tiefen ein immer
zu kurzes Leben besser als jeder Mediziner?

Alter vergeht, verweht und versteht nicht,
dass Jugend ständig auf der Arbeitsstelle steht.

Im ewigen Heute wandeln (sich) Gestern
und Morgen beständig, auch ineinander.

Wo geschriebene Geister mit lesenden Geistern
reden, ist es gleich, ob noch Leiber daran hängen.

Dein Herz und Hirn ist ein Freudenfriedhof
früherer Menschen und Ideen und landet auf dem
Pestfriedhof überlebender Leute und Ideologien.

KI könnte den Menschen schon bald enthüllen,
dass Glück, die widersprüchliche Idee von der
Erfüllung aller Wünsche, die Hölle auf Erden ist.

Mit den Geliebten stirbt uns kein Mensch,
sondern eine ganze eigene Welt, in der wir
Hauptrollen spielten.

Handeln wir, wenn uns Worte fehlen?
Lassen nur Stumme Taten sprechen,
sind Worte die Werke der Gelähmten?

Mancher hat nur Fragen, mancher nur Antworten.
Werden sie einander verstehen und ausstehen?

Alles macht uns Angst um und vor nichts und
uns selbst. Dichter und Denker machen viel
Worte dagegen und müssen sie nicht halten.
Sie setzen dem Entsetzen Sätze entgegen.

Wer lässt uns Schmerzen schicken, damit wir
nach ihm schreien? Bringt der Himmel uns
in Not, aus der er uns holen soll?

Im Wunschtraum von heute erscheint traumatisch
der Traum von Vorgestern gegen Übermorgen.

Um was beten Gläubige? Um Glück
und Auswege. Glauben haben sie schon genug.

Eher schmeckt Himmel nach Erde
als Erde nach Himmel.

Fragende Skeptiker sind heute so gefragt,
weil sie Gewissheit und Wahrheit fürchten.

Eine Zange kann sich nicht selbst packen,
eine Zunge aber sich selbst schmecken.

Wie würde die Welt sich anfühlen,
wenn jedermann alle Tiere zugleich wäre?

Nennen Narren Narren Narren? Wahres Handeln
fällt allen Handelnden nun eher in den Arm.

Idealismus : heroische Spielart des Narzissmus.
Tatsachen : ideale Feierformen des Elends.

Hienieden leben wir ewig, erst drüben
werden wir vergänglich.

Ein Künstler, der alles Wahre nur antippt
und antupft, bleibt genießbar.

Gut, dass wir das Wahre nie erreichen;
wir würden es nur verfälschen und verbessern.

Man muss das Unvollkommene dauernd loslassen
und wird nicht glücklicher, obwohl es doch nur
unvollkommen ist und dadurch auch nicht viel
vollkommener wird.

Was ist das metaphysische Glück gegen das
Elend hier, was ist das Glück der Erde gegen
das ontologische Elend?

Humanismus heute:
Unmenschen übersehen „Untermenschen“.

Evas Busen : Schlangenlinie der Urschönheit.

Gibt es etwas nur, weil und solange
es unvollkommen ist?

Warum kann man nichts oder nicht viel tun,
aber doch fast alles lassen?

Die gewaltige Ahnenreihe einer Eintagsfliege
passt auf keine genealogische Tafel wie der
Stammbaum der Paradiesschlange.

Ob es wohl irgendwo Goldhamsterbordelle gibt
und Fischzuhälter?

Sind unsere Beine nur Stiefel des Ewigen?

Ist Sinnlichkeit nur Poesie der Sittlichkeit und
Besinnlichkeit nur Politik der Sinnlichkeit?

Es gibt alles und empfängt nichts. Es gibt nur den
Ewigen, wir haben nichts zu geben. Komme ich
zu dir nur durch mich und zu Ihm nur durch dich?

Handeln ohne Reden ist ärmer
als Worte ohne Taten.

Wenn du reitest, muss dein Pferd zu Fuß gehen.

Trotzt der Gerechte selbst dem Himmel
und liebt Teufel in Menschengestalt?

Was dir neu einfällt, war immer schon in dir;
nur die Auslöser fehlten. Was dir nie einfällt,
war dir schon immer versperrt.

Zu viel glauben kann man nicht,
aber zu viel wissen und trotzdem hoffen.

Deine Empathie erreicht nur einen Zipfel
von mir. Fühlt sie sich ein in die Gerechtigkeit
meiner überwältigenden Ansprüche an dich?

Freudianer : Couch-Coach, libidinöser Wieder-
eingliederungshelfer, Überanpassungsexperte.

Du reist nicht, du redest mit Touristen und
Migranten aus dem Ausland in ihren Büchern.

Die arme Kirchmaus kreißt und gebiert
einen Schuldberg, der versetzt wird.

Lawinen begraben keine Berggipfel unter sich,
und Fundamente steigen sich nicht aufs Dach.

Lieber mittelmäßiger Demokrat als guter Diktatur, lieber ein dummer Clown als schlauer Chef.

Wer sieht in der Französischen Revolution nur
Napoleon und in der Russischen nur Karl Marx?

„Ganzheitlich" wird der Mensch nur auf dem
Papier, totalitär arbeitsteilig nur in der Welt.

Gehört die Frau zum Freudenhausrat und in die
Festungshaftpflicht- wie Unphallversicherung?

Du darfst dir alles bieten lassen von Leuten,
die dir nicht alles an- und verbieten müssen.

So sehr sie auch aussterben, in Deutschland
leben zu viele Einheimische. Jeder Luftzug in
Luftschlössern löscht das Licht der Vernunft.

Herrscher bewaffnen sich martialisch mit
Religionen, die sich gar nicht bekämpfen.

Wer nicht mehr arbeiten muss, hat noch lange
nicht genug Geist zum Nichtstun.

Du selbst sein zu wollen, ist eine strafrechtlich
offene Drohung.

Fingerfertigkeit ist noch kein Faustrecht, und das
große Ganze kein Teilhaber- und Teilnahmerecht.

Die Hauptrolle in deinem Leben spielt,
nur Nebenrollen zu kriegen.

Ein Ignorant kann weise, ein Denker clever sein.

Scheitern ist das Genie, Talente zu verbergen.
Stets wahrhaft Irren ist philosophisch, und ein
Philosoph denkt nur über seine Verhältnisse.

Wer nur schlecht über andere spricht,
redet wenigstens nicht immer von sich.

Ein Geschäft wird eröffnet, um bald Geschäfte
abzuschließen, und ein Friede wird geschlossen,
um bald Feindseligkeiten zu eröffnen.

„Man brauche gewöhnliche Worte und sage
ungewöhnliche Dinge." *(Arthur Schopenhauer)*

Ein Dichter sagt die Wahrheit, die Realität lügt.

Es gibt witzlose Komik und chaotischen Kosmos.

Moral : Niemand darf auch seinem Selbstzweck
geopfert werden. Und weise macht dich schon,
was du mir weismachen kannst.

Wartezimmer. Den schlechten Arzt erkennt man
daran, dass man bald dran ist.

Ein Armer schlägt viel Arbeit aus dem Kapital.

Nur Gesetze, die nicht nur gegen Arme
angewendet werden, sind gerecht.

Lieben : Vergängliches festhalten
und Ewiges wegschieben wollen.

Zote. Wer eine Frau unanständig gegen den Strich
bürstet, macht sie noch nicht anständig.

Wer nichts kennt, hofft auf alles;
wer alles weiß, erwartet zu wenig.

Heidegger ging mit dem Kopf durch das Nichts
und wie nichts durch dein Sein hindurch in seins.

Reiche lassen sich rühmen (d.h. andere rügen),
Arme müssen sich selber rühmen.

Fordere nichts vom Staat,
damit er keine Steuern erhöht!

Noch mehr oder weniger Liebe
täte dem Eunuchen gar nicht gut.

Erst schlagen die Flügel der Engel, dann die
Fäuste des Teufels und die Herzen der Herzlosen.

Du hast Kraft genug, dass du Ziele wählst,
die noch viel mehr Kraft brauchen.

Die verrammelten Versuchskaninchen des Sozialismus entflohen dem Schweinestall. Ich bin brav,
ich (bummel)streike nie. Ich bin lieber arbeitslos.

Bei guten Aphorismen ist der gute Anfang
schon der logische Schluss und das dicke Ende.
Auch Aphorismen halten sich für besser,
als sie verstanden und geschätzt werden. Füg
ihnen einige unwesentliche Füllwörter über das
Unwesen hinzu, um zu kaschieren, dass alles Wesentliche weggelassen wurde, um zu kapieren.

Kein Mensch ist unvollkommen, selbst
nicht der vollkommen Unvollkommene.

Leid ist oft lästige Lust, Lust nur lustiges Leid.

Unbürokratisch humanitäre Hilfe ist fast so gut
wie unterlassene Hilfeleistung.

Nur Dichter und Denker können ohne Arbeit,
Gehalt und Langeweile leben.

Was du weißt, ist falsch, was du willst, nicht gut,
was dir gefällt, nicht schön, was dir heilig ist,
profan, und was du bist, ist ein Unmensch. Gutes,
Wahres, Schönes, Heiliges: Was ist es, was ist es
wert, wie gut sieht es aus, was wird´s nie werden?

Wer jung stirbt, kann nicht kindisch sterben u. u.

Religion ist ewiger Realismus
am Puls der Zeitlosigkeit.

Niemand kann die Realität ernstnehmen,
der sich an keinem Vater abarbeiten durfte.

Realität ist Phantasie zum Anfassen,
Fantasy ist Realität von morgen früh.

Um erlesene Romane zu schreiben, musst du
romantische Romanzen erleben. Um Ideen
zu haben, musst du keine Idyllen erträumen.

Ein Aphorismus spricht von jedem im All,
ein Satz sagt fast alles über fast gar nichts.

Logik ist intelligent und uninteressant. Literatur ist dumm und interessant. Der Aphorismus
mache Philosophie geistreich und Interessant.

Der unmethodische Aphorismus ist die beste
Methode, in der kurzen Lebenszeit über alles
in der Welt anhörenswert zu sprechen.

Entweder verstauben Bücher ungelesen in den
Regalen der Buchhändler oder der Buchkäufer

Hat es Hand und Fuß, sich gegen alles
mit Händen und Füßen zu wehren?

Der Aphoristiker sucht seiner Beschränktheit
dadurch zu entgehen, dass er sich auf wenige
Worte beschränkt.

Die klassische Satire des heidnischen Rom,
die romantische Lyrik des christlichen Rom:
Die Substanz ist nicht mehr in Göttergestalten
verkörpert, sondern nur in innerlichen Ideen.

Im Falle eines Phalles
klebt Liebe auch nicht alles.

Ein Dussel hat oft mehr Dusel
als ein Besserwisser Recht.

Eva nährt auch nach der Paradiesvertreibung
eine Natter an ihrem Busen : den alten Adam.

Ein Genie kann von einem Stück Wahnsinn
profitieren, ein bloßes Talent nicht.

Setz dich an die Spitze der Herde, damit
sie nicht durchgeht und dich überholt!

Der große Zusammenhang des Ganzen
zerstört seine Teile und die unendliche
Teilung das nie mehr rekonstruierbare Ganze.

Die unentrinnbare Lebenstragik endet edel
makuliert im Selbstverlag mit Gewinnmarge.

Der Aphoristiker hinterlässt an jedem Gegenstand ein Zettelchen, er sei auch dagewesen.

Die Bitte eines Betuchten ist mächtiger
als der Befehl eines Habenichts, aber
Luft gegen das Gebet eines Bittgängers.

Wasser hat den Balken im Auge des Schiffers
oder das Surfbrett vor seinem Kopf.

Macht die Zwölfjährigen volljährig, damit
jeder bald besser in diese infantile Welt passt!

Signieren ist ein Trick, signifikant zu werden.

In Religionen himmelt's, in Kirchen
bimmelt's, in Köpfen wimmelt's,
in Staaten schimmelt's.

Sau´ber. Ist das Schwein ist rein, wenn die
Welt von Saubermännern gesäubert ist?

Wird das „positive Denken“ der Spaßgesellschaft die unaufhebbare Tragik des Lebens
mindern oder heilen? Wird die *künstliche Intelligenz* der Maschine die natürliche Dummheit des Menschen besiegen oder besiegeln?

Schon jeder reuige Beter
Gelangt ganz ohne Raketer
An sein himmlisches Ziel:
Verlangt das zu viel?

Aus der Asche des Feuerwerks steigt eher
die Masche einer Flasche als ein Phönix.

Hegel sah mit griechischer Klassik und
katholischer Romantik die prinzipiellen
Möglichkeiten von Kunst erschöpft, bevor
sie gegen Schlegels katholische Fragmente
ins protestantische Philosophiesystem münde.
Aber könnte der Aphorismus diese Bewegung
durch Kunst, Religion und Philosophie,
die drei Formen des absoluten Geistes übers
Soziohistorische hinaus, nicht besser durch-
laufen? Das sei hier nach Wittgensteins
fragmentiertem *linguistic turn* versucht.

Klassische Kunst begrenzt das Unendliche
ins Vergängliche, romantische hingegen ent-
grenzt das Beschränkte ins zeitlos Unendliche

Die Fortschrittsgeschichte der sesshaften Hochkulturen ist seit der nomadischen Steinzeit eine
einzige Verfallsgeschichte, und die „KI" ist der
vorerst letzte Schrei dieses von vielen ambivalenten Lebenserleichterungen befeuerten Frontalangriffs auf die vollendete Schöpfung. Ob die
sonnenklare KI-Imbezillität der durchdigitalisierten Hölle sich wohl künftig noch toppen lässt?
Die nach unten offene Skala der Intelligenz wartet in den Laboren und auf den Reißbrettern der
kapitalisierten Wissenseliten sicher schon auf die
nächsten der drogengepeitschten Herausforderer.
Wenn selbst Mega- und Meta-Sex durchvirtualisiert sind, wird vielleicht gewöhnlichster Analog-
GV samt Liebesbeilage irgendwann wieder reizen

Demokratische Meinungsfreiheit ist nur wich-
tig, um freiwillig objektive Wahrheitsdiktatur
zu erreichen. Wahrheitsfanatismus ist nur gut,
um subjektive Meinungsfreiheit zu vermissen.

Linken reicht es, dass sie gegen Rechte sind.
Wen interessiert, was sie sonst noch taten?

Achtet man in dir nur den Geist, den man hat?

No News by Blues. Horchen und Gehorchen
gehört sich nicht, gurren die Tauben.

Denken erprobt von sich aus nicht so viele
neue Worte wie die Sprache neue Gedanken.

Der Greis glaubt, geistig beweglicher zu sein
als in der Jugend, und die Jugend besteht
darauf, standhafter zu sein als das Alter.

Ein Verbrecher muss glauben,
Justiz und Gewissen überlisten zu wissen,
um seinen Raub genießen zu können.

Kriterium : Sind Gedanken geschrieben
für einen Kopf oder ihr Publikum?

Philosophen können an nichts denken
als an Gedanken. Aphoristiker können alles
machen außer viele große Worte.

Sein großes Unvermögen hat schon manchem
ein großes Vermögen beschert.

Wenn der kühle Kopf das heiße Herz kalt-
stellt, verliert er alles andere als seinen Kopf.

Welchem Ich genügt die Welt weniger
als der Welt dieses Ich?

Der Aphorismus verkörpert seine großen
Ideen nicht in großen Welten, sondern in
wenigen Worten, die der Welt widersprechen.

Schöne alte Sitten wurden mediale Sittlichkeit, die deine Sinnlichkeit versinnbildlicht.

Aphorismen zeigen, wie Laster durch ihre
eigene Dummheit lustig in sich kollabieren.

Im Aphorismus spottet die Idee ihrer mageren
Realisierung und die Realität ihrer ohnmächtigen Idee.

Als wertschöpferisch gilt unsere Arbeitskraft,
nicht die himmlische Schöpferkraft.

Ein Schriftsteller ist schlecht, wenn er dich
nicht stellt und sich verstellt und lacht.

Jemand, der alles hat, was ein Aphoristiker
braucht, wird etwas Besseres tun.

Dialektik, der Kopfschmuck des Philosophen,
ist das Diadem unter den Steinen der Weisen.

Bash-Bashing ist eine neue Toleranzform.

Welcher Crack nimmt crack auf cash
vorm großen Crash und Bash?

Aphorismen suchen die Zertrümmerung
der Welt in unendlich viele unendlich kleine
Urteilchen taktisch statt faktisch mit deren
eigenen Waffen zu schlagen.

Arme Halbtagshausfrau und Teilzeitputzfrau
ist nicht Backfisch, nicht Sojafleisch.

Watt iss der Ohm von Volt?
Volt ihr die totale elektr(on)ische Welt?

Wie viele Menschen mussten erst verhungern
und ermordet werden, damit Leute heute
nichts als Spaßgesellschaft spielen können?

Kein Kapitalist könnte den Kapitalismus wohl
besser loben als Marx und kein Sozialist ihn
schlechter nutzen als der marxistische Prolet.

Jeder Kopf denkt, der fremde Kopf denke nie;
der Bauch fühlt, der andere fühle genauso.

Poltergeister, am Polterabend vertrieben,
kehren schon nach den Flitterwochen
als Quälgeister zurück.

Zukunftshoffnung auf globalen Fortschritt
wirkt unglaubwürdiger als jede Theologie.

Aktivität ist keine Kunst, doch Aufhören
zu handeln bringt kaum einer fertig.

Marx stellte Hegel vom Kopf auf die Füße.
Setzt Marx von den Füßen auf den Hintern
und legt ihn ins Himmelbett der Beamten!

Das Übernatürlichste, das Magier heute
beschwören könnten, wäre es, etwas Natur
aus den Kunststoffwelten zu destillieren.

Meine Tragik liegt darin, sie eher lebens-
künstlich als künstlerisch zu beherrschen.

Autoren handeln in Buchhandlungen, Maler
malen mit Zähnen, lachen über alles Machen.

Organisch Gewachsenes wurde organisiertes
Wachstum von Flora und Fauna. Das lauteste
Organ hat der Lautsprecher der Leisetreter.

Nachhaltiges, das man ihnen vorhält,
ist Armen etwas Hinterhältiges.

Reiche sind heute hager, mager und fit,
Arme aber krank und dick und fett.

Journaille : Längst Vergangenes ist oft
frische Sensation, da alle Novitäten heute
langen Bart und ebenso lange Leitung haben.

Aphoristische Vieldeutigkeit ist der Wahr-
und Klartext, den sie nicht redet.

Magermilch der grünen Denkungsart
ist der Champagner der Körnerfresser.

Mehr Busen als Eva hat ein Meerbusen,
doch ein *Jadebusen* birgt ein Herz aus Stein.

Haltung ist ein festes Verhalten, das auch
dem Teufel die Treue halten kann.

Irrtum und Falschheit sind der Wahrheit näher
als die bloße Skepsis.

Dass alle vergangene Scheiße laut Hegel und
Marx dialektisch zu künftigem Gold wird wie
alles gegenwärtige Gold laut Schopenhauer
und Adorno zu künftiger Scheiße, wäre wohl
dialektisch zu verbinden in einer Philosophie,
die sich vom Himmel inspirieren lässt und nie
die Einheit von Goldlack und Scheißdreck ist.

Gehst du zum Weibe, vergiss nicht, mit dem
Hammer zu philosophieren; gehst du zum
Manne, vergiss nicht das Zuckerbrot.

Aphorismen müssen so geistesblitzschnell
vorbei sein, dass Leser und Hörer den
Zaubertrick nicht durchschauen.

Geht im Industrialismus umher wie ein Stein-
zeitmensch mit Telefon, als wäre das Goldene
Zeitalter der Jäger und Sammler, Hirten und
Fischer wieder da, eine Idylle ohne Utopien!

Ich habe meine strahlende Halbwertszeit
und mein statistisches Verfallsdatum überlebt.
Wie lange ist so einer noch genießbar?

Dass Gutes dem Bösen und Böses dem Guten
dient, wäre dann jenseits von Gut und Böse?

Wer falsch liegt, kann deshalb immer noch
richtig standfest und sesshaft sein.

Aphorismen helfen Gefallenen auf die Beine,
wo sie dem auf großem Fuß ein Bein stellen.

Der Haarschritt von Grau zu Weiß ist
vielen ein Fortschritt von Sau zu Scheiß.

Am Nagel in der Wand schnippelt die Nagel-
schere sich kaputt wie am Sargnagel.

Mancher ist einfach zu unbedarft, um sich
ordentlich langweilen zu können. Dummköpfe
langweilen mich, doch sich selber nie.

Normalbürger stehen zwischen dem Herrn
durch lässiges Getue und dem Knecht
durch paramilitärische Disziplin.

Wenigstens werden Aphorismen niemals
zur Weltliteratur makuliert.

Erfährt ein Tunichtgut, dass seine Freundin
schwanger ist, wünscht er seinen Hosenstall
„verflixt (verflucht) und zugenäht".

Freiheit mit Gesetz ist Terror der Konvention,
Freiheit ohne Gesetz ist Terror der Launen.

Schlechte Romanciers müssen nicht gute
Aphoristiker werden – und umgekehrt.

„Was fällt Ihnen ein?", herrscht *Freud* jeden
an. Der Aphoristiker gibt ihm seinen letzten
Aphorismenband.

Immerhin wäre Europas Weltherrschaft ohne
Pascals Wahrscheinlichkeitstheorie, *Descar-
tes´* analytische Geometrie und *Leibnizens*
Infinitesimalrechnung nicht möglich gewesen.

Fortschritt ist Allmacht von Kindsköpfen
mit Atombomben in Halbstarkenhand.

Zählbares zählt nicht und wird nicht erzählt.

Wer sich aphoristisch spezialisiert,
entdeckt und erfindet oft etwas mehr.

Wer resigniert, wird unabhängig von anderen.

Ein Aphorismus ist nicht gleich Kafkas „Axt
gegen das gefrorene Meer" in uns, aber eine
dumme Kuh mit Schlittschuhen auf dem Eis.

Freiheit : Menschenrecht auf Gefängnisküche.

Gefallene machten nur ihren höflichen Diener

Schlegel sah das Wesentliche in dem, was
Hegel als das Unwesen sah. Er schrieb Aphorismen gegen das System, das sie integrierte.

Nur der Lügner wirkt ehrlich,
nur Aufrichtigkeit wie bloßer Irrtum.

Das leibliche Auge sucht bewusste Einsicht,
das geistige nur bewusstlose Einfalt.

Sei so klug wie möglich, aber nicht noch klü-
ger, aber besser als andere, doch nicht zu gut.

Lieber Stille und Fülle durch Wille und Brille
als Ruhen durch Pillen und Chillen!

Fühlt euch durch Forderungen herausgefordert, die den Fordermann zum Duell
statt Duett herausfordern!

Meditieren : in moderner Stresswelt ein modi-
sches Relaxen, das nur Narzissmus fördert.

„Jeder lebt sein Leben wie ein gehetztes
Tier." *(N. Gomez Davila)* Heute brauchen
eher Gehetzte ein längeres Ausruhen
als Schlafmützen einen lauteren Wecker.

Mein Leben spiegelt die Tanzschritte
von einer Buchlektüre zur nächsten,
doch Parlamente geben Gesetze statt Gebote.

Ins Leben gestoßen, im Leben gebeutelt und
mit Träumen genarrt, aus dem Leben gerissen.

Stirbt ein schweres Leben leichter
als ein leichtes?

Von KI verfasste Bücher, von KI gelesen und
rezensiert, mit KI-Nobelpreis ausgezeichnet:
Dann sind die in Parallelwelten beschäftigt
und stören hier nicht weiter in den Künsten.

Ich starb am Herzinfarkt,
als ich mein Todesurteil vernahm.

Aphorismen sind eher wirkungslos, treffen sie
doch nur den, den sie nie meinten. Sie sagen
mehr als nötig und möglich, aber weniger,
als zum wesentlichen Unwesen treibt.

Goethe schickte paradox seinen Sohn August,
der dort ohne ödipalen Vatermordversuch
starb, selber auf seine Italienreise, die dessen
Selbstfindung gegen ihn fördern sollte.

Kürze bewahrt den Aphorismus vor Langeweile, aber kann der Teufel dich vor der
Versuchung schützen? Gute Aphorismen
sind geistige Schönheit, und beide darf man
nicht unters Mikroskop legen. Beide machen
viel Wind und wenige Gefangene.

Der Zweck des Wissens ist das Wollen,
sein Lohn das Lächeln.

Gegen junge Mit- und Nachwelt schützen sich
Greise am leichtesten, indem sie darin nur
modischen Schwachsinn erkennen.

Spott ist die Moralpredigt der Schwachen.

Wir lieben Niederes mehr als zu Hohes, aber
springen leichter zu hoch als in die Untiefe.

Wer lachen will, muss mehr wissen,
als nötig ist, um handeln zu können.

Verbrennt und löscht mich nicht auf dem
Scheiterhaufen meiner Bücher!

Sollen Aphorismen die Dinge neu oder treu
darstellen? Manche haben den Sprücheklopfer
so lieb, dass sie ihn gar nicht erst verlassen.

Ästhetische Andacht flößt die "Aura" eines
Kunstwerks ein, soweit es substantielle Ideen
versinnbildlicht, die begrifflich nicht ganz aus-
schöpfbar sind. Solche Ideen und "Sinnressour-
cen" sind heute eben kaum noch überlebensfähig
im technologischen Wirbel des universalen modischen Schwachsinns. Die Faszination durch die
Aura der Technik wie KI selbst frisst jede andere
Aura auf, ästhetische, philosophische, religiöse ...
Wenn es gar keine autonomen individuellen Sub-
jekte mehr gibt, sondern nur noch sozialisierte
Lebewesen, sind sie durch KI ersetzbar.
Ehe ich KI nutze, bin ich von KI benutzt.

Hegels virtuose Dialektik redet Sinnloses wie
vergangene Geschichtsopfer schön und Sinnreiches wie Schlegels Fragmente armselig.

Nur der größte Banause im Land dürfte
deine Aphorismen verreißen.

Neuzeitliche Selbstoptimierungspsychologie
ersetzt die nötige Selbstreflexion durch per-
manente narzisstische Selbstbespiegelungen.

Wird man länger um dich klagen
oder gegen dich?

Helfen Aphorismen gegen Vergänglichkeit
wie Tumore gegen Unsterblichkeit?

Lässt Satan sich wegglauben und weggrinsen?

Zuneigung : Verbeugung vor einer Autorität.

Verbrecher, entflieht dem Gefängnis,
da dort Unrecht ist!

Man dient denen, deren man sich bedient.

Wer seine Feinde zu Freunden macht,
hast sie auch getötet, um nicht von ihnen
getötet zu werden.

Der unerwartete Modernisierungsschub aller
Künste zu Beginn des 20. Jahrhunderts, gegen
Hegels Diktum vom Ende der Kunst nach
Klassik und Romantik, hat sich im 21. Jahr-
hundert bisher nicht wiederholt : Atonale
Musik, im- und expressionistische Malerei,
der „Ulysses" von Joyce und Wittgensteins
linguistic turn der Philosophie …

Liebe : Nimm-mich-Rat als Trimm-dich-Pfad.

Geniale Aphoristiker sind Satzingenieure,
die aus Scherben heile Geschirre zaubern
und Kohlenstaub zu Diamanten pressen.

Brav verhält sich zu Bravour
wie Unart zu Kunst.

Du Satellit zwischen beiden bist weder Planet
um einen Stern noch Sonne über der Erde.

Kann KI-Verstand sich auf Gegenstände einen
Reim machen oder Gedichte nie verstehen?

Hegels Ideen machen mehr Aufhebens als
Wesens vom Leidwesen der Lebewesen.

Maximen : Seniorenpoesie als Gerontosophie.
Flucht- und Umwegweiser werfen Gallen-
steine der Zeitaltersweisen.

Erst kommt das Reden über Fressen,
dann gar nichts mehr

Der „wahrhaft kühne" *Archie(bald)* ist ein
beliebter Vorname des Hochadels, der sich
in seinen feigen Erbprivilegien verkriecht.

Krieg : Einheit von Heldenmut u. Stumpfsinn.

Du trägst schon Lesefrüchte, bist also
auch nicht mehr das blühende Leben.

„Positives Denken" : Heute noch kein Mord
in unserer Familie!

Ein Philosoph gilt als Sisyphus, der den Stein
der Weisen lebenslang vergeblich auf den zu
hohen Blocks- und Venusberg rollt.

Einheimische *Krauts* haben im Heimatboden
besonders tiefe Wurzeln, aber halten Auslän-
der sie für besonders hartnäckige Quecken?

Herren und Knechte unterhalten einander,
aber sich nicht miteinander.

Jede Lebenslüge sieht in objektiver Wahrheit
eine Lebenslüge, aber die längste Lebenslüge
der Wahrheitsfreunde liegt darin, überall
Lebenslügen zu sehen.

Nur Nachtschwärmer sehen Nachtfalter.
Nachtschlaf sieht beides nicht.

Das 20. Jahrhundert endete nach zwei Welt-
kriegen und zwei Sozialismen, das 21. been-
det natürliche IQ durch künstliche Demenz.

Philosophie : Entweder gibt sich ein Diamant
als Kohle aus oder Kohlenstaub als Diamant
oder beides für Produkte desselben Geistes.

Wenn wir einer Meinung sind, setzen wir uns
Auseinander; sind wir unterschiedlicher Meinung,
gehen wir auseinander.

Dialektik redet heute Schlimmstes schön,
um Schöngefärbtes nicht hassen zu müssen.

Hat Hegels „Eule der Minerva" seit 1989
Marxens „gallischen Hahn" besiegt?

Die Utopie besteht nicht darin, dass Reiche
Hungers sterben und Arme an Übersättigung.

Ich hatte die *Künstliche Intelligenz* geschlagen.
Ihr momentaner Zustand gibt Anlass zur Sorge.

Der nackte Leib ist ein schlichtes Seelen-Hostel,
lebenslang vom Himmel preiswert angeboten.

Auf dem Meer der Tränen gilt der Notruf SOF:
(„Save Our Fouls").

Philosophiegeschichten sind eher Lektüreersatz
als Lektüreempfehlungen.

Enthält Hegels „Logik" die spekulativ metatheo-
retischen Ermöglichungsbedingungen von Kants
transzendentalen Ermöglichungsbedingungen
jedes Seins und Sehens?

Hegel lässt es nicht nur, wie Adorno monierte, am Recht des Individuums fehlen, sondern sein Geistessystem ist nicht geistreich genug, die Fülle auch der zufälligen „faulen Existenzen" zu begreifen, nicht nur der vernünftigen Realisierungen des Begriffs. Hegels Selbstbewegung des Allgemeinbegriffs durch seine Objektivierungen hindurch schafft es nicht bis zum gewitzten Esprit, der Heterogenstes vereint. Der Panlogismus ist gleichsam nicht dialektisch genug. Die Wissenschaft kommt zur Weisheit nur über Witz, der als Absolutes sowohl subjektiv wie objektiv Individuelles umgreift bis in die faulsten Kontingenzen hinein. Dieses gewitzte Absolute Schlegels wusste sich als autonomes Subjekt in all seinen autonomen Objekten, als das ganz abgesondert Besondere bis zum Absonderlichen. Hegels witzloses System ist kein Universalwitz von Schlegels Witzen, wo die Anschauungen sich gleichwohl vor ihren Begriffen blamieren, deren Satiren sie sind. Hegel will nicht wahrhaben, dass „das zerreißende Sprechen" im „geistigen Tierreich" der (wesentlich französischen) Aufklärung direkt in die frühromantischen Fragmente mündete, nicht in seinen Idealismus. Schlegels Ironismen verstehen sich als deutsche „Chamfortaden" von Anfang an. Hegel sieht zwischen Chamfort und Schlegel den Abgrund zwischen vernünftiger Begriffsaufklärung und „fauler Existenz", zwischen substantiell gut und teuflisch frivol. Seine Grenzen werden in seiner „Naturphilosophie" der „Enzyklopädie" flagrant, wo er nicht nur „Krugs

Feder" nicht mehr aus seinem Geist ableiten und auf ihn zurückführen kann, ohne wie Goethe philosophische Poesie zu treiben, „weder Fisch noch Fleisch", weder Philosophie noch Poesie noch Wissenschaft, wie er Novalis´ Parodismen vorhält. Die christologische Selbstbeschränkung des Absoluten rächt sich : Gott wird Mensch, aber Hegels Begriff weder „Krugs Feder" noch Schlegels Witz an der Ursache. Elektrische Entladung passiert z. B. eher in Schlegels Geistesblitzen als in Hegels naturphilosophischer Herleitung. Hegel denkt romantischer und Schlegel dialektischer, als Hegel denkt. Nicht nur seine Naturphilosophie ist subjektiver und Schlegels „Igel" objektiver, als er tut. Beide unterscheiden sich nicht wie Urteilskraft (gegen Dummheit) und Einbildungskraft (gegen Realismus), sondern wie Mystik und Gedankenexperiment, Altersweisheit und Witz.

+ + +

Gemelkte Kühe haben Euter und Ausbeuter

„La Vache, qui rit" : hundertjährige Käse-Reklame.

„Kühe in Halbtrauer" schrieb der norddeutsche Heidedichter *Arno Schmidt* aus Bargfeld.

Die dumme Kuh will einen Stier und bekommt einen Ochsen. Wenn ein Hornochse sein Weib eine „dumme Kuh" nennt, muss es keine Beleidigung sein. Aber ein Esel oder Kamel?

Wir lassen Kuh und Ochse lange leben,
weil sie Milch und Rinderbraten geben.
Die Kuh beißt nicht ins Gras, das sie rupft.

Ist die Kuh endlich vom Eis,
kann sie ihre Schlittschuhe ausziehen.

Moral heißt : Sei gut zur Kuh,
damit sie besser schmeckt.

Es ist keine Kunst, sich ein Beefsteak zu machen,
wenn ein anderer schon die Kühe gemacht hat.

„Mu" sagt der Zen-Meister,
und seine blöde Kuh versteht „nichts".

Die Kuh soll auch den Ochsen,
der das Maul aufreißt,
nicht verdreschen.

Wanken die Banken?
Trank und Gesang auf die Bank

Wer sein Geld nur vertut
Auf ein Geldinstitut,
Schläft bald im Sargland
Auf der Parkbank?
Die Bank macht dich blank,
Rank & schlank & krank?
Schon die Gebühren
machen dich frieren?

Kredit gibt dir die Bank,
Bist du grad nicht blank.
Gehen auch die Zinsen
Immer in die Binsen:
Den Armen macht sie gleich
Zum superreichen Scheich.

Arbeit bringt kein Geld,
Schuften muss dein Geld,
Bis der Groschen fällt.
Was sie verspricht, das hält
Die Bank, vermehrt dein Geld
(Ist es nichts mehr wert
Inflationsverzehrt).

Die Bank vermehrt dein Geld,
Dein Geld, es rettet die Bank.
Du warst ihr großer Held,
Als deine Bank sank. Dank!

Die Franken haben die Banken,
Die Banken haben die Franken.
Es ist in der Matratz
Dein Geld nur für die Katz.

Beraub nur keine Bank,
Doch gründe eine Bank!
Dort zu deinem Wohle
Vermehrt sich deine Kohle.
Dann lebst du gut und lang
Ohne Müh und Zank
Am Geldausschank.

Die Quintessenz fehlt

Die vier Elemente der Antike kann man heute
(muss man aber nicht)
in beliebig viele Elementarteilchen zerlegen.
Wasser geht auf dem Feuer in die Luft
und als Eis und Schnee zur Erde.
Es lässt sich nicht zusammendrücken,
ist metallisch hart, doch hochbeweglich.
Feuer und Wasser, geborene Todfeinde.
"Feuer!" Wo brennt es,
oder woher kam der Schuss?
Liegt das Glück der Erde
auf dem Rücken der Steckenpferde?
Wer in die Luft fliegt,
siegt und lügt nie mehr.
Hans Erdenkloß muss geerdet bleiben,
damit er kein Luftikus wird,
und Feuerwasser bringt ihn unter die Erde.
Da ist er in seinem Element.

Aristoteles sah im 5. Element, der Quintessenz,
den (nicht betäubenden) *Aether* hinterm Mond ...

Erwärmt sich die Erde, bis sie Feuer fängt,
nach Luft ringt und durch kein Meer mehr
zu kühlen ist?

Elementargeister

Welcher Chef feuert Feuer,
wer bewässert das Wasser,
beerdigt die Erde und lüftet
die heiße Luft mit dem Hut?
Wer ertrinkt im Wasser,
das seinen Durst löscht?

Das Feuer verbrennt oft den,
den es wärmen soll.
Kriegt man die Luft,
in die man fliegt?
Wir werden zu Erde,
die uns zeitlebens trägt.

Regen löscht Feuer,
Flammen verdampfen Wasser
und verzehren die Luft,
wie das Meer die Erde bedeckt,
wie Inseln geerdetes Meer sind.

Sponge it over!

" ... Unser täglich Brot gib uns heute und vergib uns unsere Schuld, wie wir vergeben unseren Schuldigern ...", heißt es im bekanntesten monotheistischen Gebet, aber heutzutage werden solche Begriffe ja nun weniger von Seelsorgern als von Psychoklempnern erörtert und wegzerredet.

Was es auch war, egal was, vergessen wir´s und Schwamm drüber!Schließlich haben ja alle Dreck am Stecken, oder nicht?

Vgl. Markus 3,28f: „Wahrlich, ich sage euch: Alle Sünden werden den Menschenkindern vergeben, auch die Lästerungen, wieviel sie auch lästern mögen; wer aber den heiligen Geist lästert, der hat keine Vergebung in Ewigkeit, sondern ist ewiger Sünde schuldig." Diese Todsünde sieht in der Schöpfung nur Satans Werk.

Qoran-Sure 4, Vers 116: "Wahrlich, Allah wird es nicht vergeben, dass Ihm Götter zur Seite gestellt werden: doch Er vergibt, was geringer ist als dies, wem Er will."

„Jesus aber sprach: Vater, vergib ihnen; denn sie wissen nicht, was sie tun!" – Lk 23,34
Die Gläubigen sollen sich gegenseitig vergeben:

„Ertragt einer den andern und vergebt euch unter-
einander, wenn jemand Klage hat gegen den andern;
wie der Herr euch vergeben hat, so vergebt auch ihr!"
– Kolosser 3,13

„Da trat Petrus zu ihm und fragte: Herr, wie oft
muss ich meinem Bruder vergeben, wenn er sich gegen mich versündigt? Siebenmal? Jesus sagte zu ihm:
Nicht siebenmal, sondern siebenundsiebzigmal."
– Mt 18,21 f.

Wir werden uns hier beschränken auf das, was in
den begriffserschöpfenden Wikipedia-Artikeln zu
"Vergebung", "Verzeihung", "Entschuldigung" und
"Absolution" bereits in ermüdender Breite zu lesen
steht von Fachpsychologen, Philologen und Theologen. Lenken wir lieber die Aufmerksamkeit auf einen
Punkt, der erstaunlich selten Erwähnung findet in
diesem Zusammenhang. Gar nicht so wenige Opfer
von Verletzungen, Beleidigungen oder Kränkungen
vergeben ihren Tätern, um ihre wenigstens moralische
Überlegenheit zurückzugewinnen. Der großmütig
Vergebende bekommt wieder Oberwasser über seine
beschämende Ohnmacht und wehrlose Hilflosigkeit.
Er rächt sich, indem er seinerseits seinen Beleidiger
beschämt und "glühende Kohlen auf sein Haupt sam-
melt", wie die biblischen Autoren formulieren. So
gewinnt er sein gedemütigtes Gleichgewicht zurück.

Im Übrigen verzichtet das Opfer auch gern einmal
auf den Schuldvorwurf, indem es den Täter seinerseits
als unzurechnungsfähiges Opfer von entschuldigenden
Umständen, Affekten oder Erbanlagen erklärt.

"Alles verstehen heißt alles verzeihen"? Das ergibt neben der zurückgeholten moralischen Überlegenheit noch eine zusätzlich kognitive und intellektuelle:
Du armes Schwein konntest ja gar nicht anders.

Die Antifeministin Claire Goll nannte ihre Lebenserinnerungen 1976 schlicht : "Ich verzeihe keinem".

Zur Rechenschaft gezogen werden kann nur, wer auch wusste, was er tat.
Der Himmel verschonte die verderbte Stadt Ninive: "Denn sie wissen nicht, was sie tun.". Der kleine Prophet Jonas schien diese Logik nur schwer zu verstehen und bestand auf der angedrohten Strafe.

Man kann Dummheit mit Güte entschuldigen
und Schurkerei mit Genie,
aber nicht Talent(losigkeit) mit Charakter
und Integrität mit Naturbegabung.

Aber der Himmel vergibt —
mehr als Credos.

Bitte jeden um Verzeihung,
den du nicht kritikwürdig fandest!

Dass ich dich so sehr enttäuscht habe,
verzeihe ich dir nie.

Leichter verzeiht, wer sich selber schuldig fühlt.

Wer sich entschuldigt, bittet nicht um Entschuldigung.

Die Kirche erinnert uns stets an die Sünden und guten Werke, die sie uns vergeben hat.

Gott vergibt uns sogar,
wenn Er unsere Erwartungen unerfüllt lässt.

Was vergibt sich jemand,
der sich jedes Schuldbewusstseins schämt?

Vergibt man nur solchen Leuten,
von denen man sich noch etwas erhofft?

Vergib mir vor allem, dass du mir vergeben hast!

Wer mir vergibt, vergibt sich nichts.

Verzeiht ihnen nicht, denn sie wissen,
was sie mit sich tun lassen.

Werden dem seine Sünden vergebe,
der nie sterben will?

Heute werden uns die Sünden nicht mehr vergeben, sondern schlankweg ausgeredet.

Wahre Liebe verzeiht sogar Eigenliebe.

Wenn der Glaube, unsere Sünden seien uns durch Christi stellvertretenden Opfertod schon vergeben, unsere Werke erst anrechenbar verdienstvoll macht und zugleich selbst nur eine Gnade ist, werde ich nicht gerettet ohne diese Gnade, die meine Werke erst gut genug machen kann, um „glückswürdig" *(Immanuel Kant)* zu werden?

Sünden werden nicht mehr begangen, gebeichtet, bereut, bestraft oder vergeben, sondern in Register eingetragen als verdammte Pflicht und Schuld(ig-keit)en.

Der eine Christ verzeiht, was er uns antut,
ein anderer rächt das Recht, das er uns gibt.

Wer mir vergibt, erlässt mir die Schuld und Strafe, aber auch die Schulden. Verzeihung heißt Ent-schuld(ig)ung und Begnadigung.

Schuld wird Herren vergeben,
und Schulden werden Knechten erlassen.

Herausforderndes Gehabe

Der moderne Fortschritt nimmt jedes auftauchende Weltproblem und Welträtsel als eine sportliche Herausforderung, die seinen Kampfgeist und Wettbewerbsehrgeiz beflügelt. Leider sieht er oft zu spät, dass seine Lösungen dann nur noch viel größere Probleme geschafft haben, als sie beseitigen, und das Hamsterrad dreht sich weiter. Kulturelle Vordringlichkeiten werden dabei bevorzugt ersetzt durch gesellschaftliche Aufdringlichkeiten, Erforderliches durch An- und Ab- und Eingefordertes. "Fördern und fordern" oder nur herausfordernd herausbefördern aus allem Wesentlichen?

Mancher wird erst wach, wenn er herausgefordert wird, aber dann ist er ganz da und will wissen und zeigen, was an Fähigkeiten und Möglichkeiten in ihm steckt. *Challenges* wollen gemeistert sein (auch wenn die Weltraummission „Challenger" ein krachender Reinfall ins Meer statt stolzen Aufstieg in den Himmel wurde). Der Historiker *Arnold Toynbee* deutete die Weltgeschichte als eine Abfolge von mehr oder weniger kollektiv gemeisterten Herausforderungen durch widrige Umwelt und sperrige Mitwelt.

Du selber hast niemals irgendein Problem im Leben gelöst oder eine wichtigere Frage wirklich zufriedenstellend beantworten können. Du hast niemals irgendetwas „verarbeitet", wie die Psychologen heute fordern und dich herausfordern wollen, sondern immer nur mehr oder weniger gut überstanden und überlebt. Selbst überwältigende Gefühle bewältigst du selten genug und leistest z.B. auch keineswegs irgendeine „Trauerarbeit", sondern lässt dich gegebenenfalls von den schwarzen Wogen der Verlustverzweiflung überrollen, in der ziemlich unbegründeten Hoffnung, dass sie irgendwann schwächer werden mögen, wenn die natürliche Leidensfähigkeit abstumpft. Das ist alles, was du in solchen Schwarzen Löchern tun kannst. Wer das Gegenteil von sich behauptet, könnte einer Illusion oder Autonomie-Ideologie erliegen, also einer schmeichelhaften Großtuerei. Alles ist unlösbares Rätsel und unverdiente Gnade, "Kismet".

In sublimierter Form beantworte aber auch ich manche Challenges. Wirft die Gesellschaft mir in den Medien ein „brennendes" Thema zu, greife ich es zuweilen in einer mutwilligen Laune mit bloßem Kopf in der Luft auf und gebe meinen unmaßgeblichen Senf dazu, nicht um es zu löschen, sondern meinen Wissens- und Freiheitsdurst. Sonst lasse ich nicht *mich* herausfordern, weil ich mir nichts gern abfordern lasse, sondern die meisten Zumutungen eher ungerührt an meiner kräftesparenden Indolenz vorbei durchwinke. Herausforderungen sind zumeist Provokationen, terroristische Forderungen, die selten sachlich oder vernünftig berechtigt sind und besser unbeachtet bleiben, denn „Ruhe ist das erste Bürgerrecht" *(Johannes Gross)* in einer überdrehten Stresswelt.

Die meisten Zeitgeist-Herausforderungen wie etwa Frieden, Frauen, Forst, Klimakatastrophe etc. sind nicht viel mehr als modisch aufgeputzte Zeittotschläger und arglistige Ablenkungsmanöver, die uns ganztägig beschäftigungstherapieren sollen, damit wir nicht auf dumme Gedanken kommen und in innerer Emigration verschwinden bzw. den ganzen Laden anzünden. Die meisten Herausforderungen durch Zeitgenossenschaft entpuppten sich meinem Verstand schnell als Dinge, die mich nur weglocken wollten und sollten von dem, was mich selber angeht. Wer oder was mich herausfordert durch herausforderndes Gehabe, fordert von mir mein Bestes, das ich ihm gar nicht geben will, oder mein Schlechtestes das ich ihm erst recht nicht herausrücke.

Wer dich persönlich herausfordert und provoziert, will testen, wie weit du gehst und dich zu unbedachten Reaktionen hinreißen lässt, um sich einen Vorwand zu schaffen, dich zu verletzen und zu demütigen. - Wohl dem, der sich nicht jedem aufgenötigten Kräftemessen ausliefert.

Und ohne zündelnde politische agents provocateurs leben Einheimische und ausländische Migranten hierzulande friedlich zusammen.

**Tag der Arbeit (1. Mai) : Einziger Tag im Jahr,
an dem Gewerkschaftsbonzen arbeiten**

Schuften? Ach, was: Verduften!
Lieber Zeitgenosse, verreck
in deinem eigenen Dreck,
ich bin dann mal weg!

Achtstundentag die ganze Woche
in einem Schwarzen Loche?
Ach, was : *Achtstundenwoche*
für jedermann beim vollen
Lohnausgleich wir wollen!

Technik produktiv genug:
Nur kalter Lug und Trug
bestreiten diesen Fug.

Wir schuften uns zu Tode,
denn das ist heute Mode.
Meyer, Müller, Hempel
malochen nur für Krempel,
sinnlos und auch giftig:
Ist das gut und triftig?

Für Reiche keine Liebe:
Enteignet alle Diebe!
"Eigentum ist Diebstahl",
Schuften bringt nur Trübsal.

Sklavenpeitsche der Oberschicht
(die behält die Übersicht)
heißt *Mittelstand*
im Knüppelland:
An die Schandwand!

Herren und Knechte
vertauschen die Rollen
einmal pro Leben:
Das sind Menschenrechte,
die wir haben wollen
für all unser Streben.
"Alle Räder stehen still,
wenn dein starker Arm es will!"

An- und Abwendungsweichware

Application Software (App) vermittelt zwischen Benutzer und Systemsoftware eines Computers oder Mobilgeraets. Was nützt dem Nutzer? Email-Programme, Webbrowser, Computerspiele, Bild- und Textverarbeitung und Selbstoptimierungshelfer z.B.

Die Nutzer werden dabei nolens volens zu willfaehrigen Werkzeugen der Firmen, die ihnen diese willfaehrigen Werkzeuge bereitstellen. Do ut des, und wer profitiert mehr, Unternehmer oder Unternommene?
Hilfe hilft Helfern zuerst.

Die allermeisten Apps sind Zeittotschläger im Lande des überflüssigen Überflusses. Sie machen abhängig wie fast jedes Konsumgut, das uns kostenlos anfixt, um neue lebenslange Junkies zu produzieren.

"Soziale Netzwerke" waschen dein Gehirn zum "neuronalen Netzwerk", das reibungslos spurt, eine profitable, sich kritisch gebende Überanpassungsmaschine.

Charakterfestlichkeiten

Schauspieler müssen charakterlos sein,
damit sie jeden Charakter spielen können.
"Geprägte Form, die lebend sich entwickelt",
definierte Goethe den innersten Granit jedes Menschen.
Sokrates sprach von seinem Dämon ("daimonion"),
eine warnende Gewissensstimme in ihm.
Da niemand seinen guten oder schlechten Charakter selbst gewählt und erschaffen hat, ist nur der Charakterlose für seine Taten und Untaten und Untätigkeiten verantwortlich.
Sigmund Freud fand, dass unser unveränderlicher Charakterkern sich in den allerersten Lebensjahren unverlierbar bildet im Zusammenspiel von Erbgut und ersten "Interaktionen mit primären Bezugspersonen".
Der Charakter eines Tiers ist in seinem
Instinktprogramm codiert.
Der Charakter eines Arbeitstiers ist genauso
unflexibel.

Moralist Karl Kraus

Ich habe keinen anderen Gedanken als dich
und darum immer neue !

Der Arzt des Mannes heißt 'Spezialist',
nicht Männerarzt.

Männerfreuden − Frauenleiden.

"Frauenrechte" sind Männerpflichten.

Den Inhalt einer Frau erfasst man bald.
Aber bis man zur Oberfläche vordringt!

Die Schätzung einer Frau kann nie gerecht sein; aber
die Über- oder Unterschätzung geschieht immer nach
Verdienst.

Die Weiber haben wenigstens Toiletten.
Aber womit decken die Männer ihre Leere?

Mit Frauen muss man, wenn sie lange fort waren,
Feste des Nichtwiedererkennens feiern.

Mit Frauen führe ich gern einen Monolog.
Aber die Zwiesprache mit mir selbst ist anregender.

Ein Weib ist manchmal ein ganz brauchbares Surrogat
für die Selbstbefriedigung. Freilich gehört ein Über-
maß von Phantasie dazu.

Weiber sind oft ein Hindernis für sexuelle
Befriedigung, aber als solches erotisch verwertbar.

Mancher rächt an einer Frau durch Gemeinheit,
was er durch Torheit an ihr gesündigt hat.

Es ist die wichtigste Aufgabe, das Selbstunbewusst-
sein einer Schönen zu heben.

Die Strafen dienen zur Abschreckung derer,
die keine Sünden begehen wollen.

Im Orient haben die Frauen größere Freiheit.
Sie dürfen geliebt werden.

Die Unsittlichkeit der Maitresse besteht in der Treue
gegen den Besitzer.

Erst Schutz vor Kindern, dann Kinderschutz!

Wer andern keine Grube gräbt, fällt selbst hinein.

Kein Zweifel, der Hund ist treu ...
dem Menschen und nicht dem Hund.

Die stärkste Kraft reicht nicht an die Energie heran,
mit der mancher seine Schwäche verteidigt.

Das Familienleben ist ein Eingriff ins Privatleben.

Es gibt Menschen, denen es gelingt, die Vorteile
der Welt mit den Benefizien des Verfolgtseins
zu vereinigen.

Die Einsamkeit wäre ein idealer Zustand, wenn man
sich die Menschen aussuchen könnte, die man meidet.

Die Demokratie teilt die Menschen in Arbeiter und
Faulenzer. Für solche, die keine Zeit zur Arbeit haben,
ist sie nicht eingerichtet.

Das Geheimnis des Agitators ist, sich so dumm zu
machen, wie seine Zuhörer sind, damit sie glauben,
sie seien so gescheit wie er.

In einen hohlen Kopf geht viel Wissen.

Ein Dichter, der liest : ein Anblick,
wie ein Koch, der isst.

Nicht alles, was totgeschwiegen wird, lebt.

Geräusch wird störend nie empfunden,
weil stets es mit Musik verbunden.

Die Naturheilmethode wütet auch in der Kunst.

Es gibt Schriftsteller, die schon in zwanzig Seiten
ausdrücken können, wozu ich manchmal sogar zwei
Zeilen brauche.

Ein Aphorismus braucht nicht wahr zu sein,
aber er soll die Wahrheit überflügeln.
Er muß mit einem Satz über sie hinauskommen.

Ein Feuilleton schreiben heißt
auf einer Glatze Locken drehen.

Wo nehme ich nur all die Zeit her,
so viel nicht zu lesen ?

Die Medizin : Geld her und Leben !

Die alten Bücher sind selten, die zwischen
Unverständlichem und Selbstverständlichem
einen lebendigen Inhalt bewahrt haben.

Es gibt Wahrheiten, durch deren Entdeckung
man beweisen kann, dass man keinen Geist hat.

Einen Aphorismus zu schreiben, wenn man es kann,
ist oft schwer. Viel leichter ist es, einen Aphorismus
zu schreiben, wenn man es nicht kann.

Besser, es wird einem nichts gestohlen. Dann hat man
wenigstens keine Scherereien mit der Polizei.

Sie geht hinter ihm, wie eine Leiche
hinter einem Leidtragenden.

"Würde" ist eine konditionale Form von dem,
was einer ist.

Ein skrupelloser Maler, der unter dem Vorwand,
eine Frau besitzen zu wollen, sie in sein Atelier lockt
und dort malt.

Wir leben in einer Gesellschaft,
die Monogamie mit Einheirat übersetzt.

Bevor man das Leben über sich ergehen lässt,
sollte man sich narkotisieren lassen.

Der Aphorismus deckt sich nie mit der Wahrheit;
er ist entweder eine halbe Wahrheit oder anderthalb.

Was sind alle Orgien des Bacchus gegen die Räusche
dessen, der sich zügellos der Enthaltsamkeit ergibt!

Man glaubt gar nicht, wie schwer es oft ist,
eine Tat in einen Gedanken umzusetzen.

Nichts beweist mehr gegen eine Theorie
als ihre Durchführbarkeit.

Herr, vergib ihnen, denn sie wissen, was sie tun!

Ein Paradoxon entsteht, wenn eine frühreife Erkenntnis mit dem Unsinn ihrer Zeit zusammenprallt.

Ich muss warten, bis meine Sachen veraltet sind.
Dann werden sie möglicherweise Aktualität besitzen.

Ich und meine Öffentlichkeit verstehen uns sehr gut:
sie hört nicht, was ich sage, und ich sage nicht,
was sie hören möchte.

Wie viel Stoff hätte ich, wenn's keine Ereignisse gäbe!

Ich schnitze mir meinen Gegner
nach meinem Pfeil zurecht.

Warum tadeln mich so viele? Weil sie mich loben
und ich sie trotzdem tadle.

Der Klügere gibt nach, aber nur einer von jenen,
die durch Schaden klug geworden sind.

Aus Lebensüberdruss zum Denken greifen:
ein Selbstmord, durch den man sich das Leben gibt.

Man lebt nicht einmal einmal.

Bei manchem Frauenzimmer kommt die Entrüstung
vor der Zumutung. Wie ungalant, diese nicht einmal
nachzuholen !

Die Vergesslichkeit der Frauen wird manchmal
von der Diskretion der Männer erschüttert.

Die Zerstörung Sodoms war ein Exempel.
Man wird durch alle Zeiten vor einem Erdbeben
Sünden begehen.

Nicht grüßen genügt nicht.
Man grüßt auch Leute nicht, die man nicht kennt.

Es gibt Heuchler, die mit einer unehrlichen Gesinnung
prahlen, um unter solchem Schein sie zu besitzen.

Es gibt Menschen, die zeitlebens einem Bettler
nachtragen, daß sie ihm nichts gegeben haben.

Eher verzeiht dir einer Gemeinheit, die er an dir begangen, als die Wohltat, die er von dir empfangen hat.

Ich fürchte mich vor den Leibern, die mir erscheinen.

Den Schwindel erkennt man höchstens daran, dass er
die Echtheit übertreibt. Die Echtheit höchstens daran,
daß sich das Publikum von ihr nicht hereinlegen lässt.

Heute ist der Dieb vom Bestohlenen nicht zu unterscheiden : beide haben keine Wertsachen bei sich.

Fürs Leben gern wüsst' ich : was fangen die vielen
Leute nur mit dem erweiterten Horizont an ?

Was die Lehrer verdauen, das essen die Schüler.

Satiren, die der Zensor versteht,
werden mit Recht verboten.

Die Impotenz möchte durch ihre Bitte
um Bescheidenheit die Leistung verhindern.

Man soll nicht mehr lernen,
als man unbedingt gegen das Leben braucht.

Die Hässlichkeit der Jetztzeit hat rückwirkende Kraft.

Die Sprache ist die Mutter, nicht die Magd des Ge-
dankens. Weil ich den Gedanken beim Wort nehme,
kommt er.

Einer, der Aphorismen schreiben kann,
sollte sich nicht in Aufsätzen zersplittern.

Wenn ein Gedanke in zwei Formen leben kann,
so hat er es nicht so gut wie zwei Gedanken,
die in einer Form leben.

Effekt, sagt Wagner, ist Wirkung ohne Ursache.
Kunst ist Ursache ohne Wirkung.

Schon mancher hat durch seine Nachahmer bewiesen,
dass er kein Original ist.

Der Teufel ist ein Optimist, wenn er glaubt,
dass er die Menschen schlechter machen kann.

Die Mystiker übersehen manchmal,
dass Gott Alles ist, nur kein Mystiker.

Schein hat mehr Buchstaben als Sein.

Wiewohl ich viele Leute gar nicht kenne,
grüße ich sie nicht.

Ein Original ist heute, wer zuerst gestohlen hat.

Er hatte so eine Art, sich in den Hintergrund
zu drängen, dass es allgemein Ärgernis erregte.

Hass muss produktiv machen.
Sonst ist es gleich gescheiter, zu lieben.

Manche haben den Größenwahn verrückt zu sein
und sind nur untergeschnappt.

Eine der verbreitetsten Krankheiten ist die Diagnose.

Ich esse gierig aus Gier nach dem Nichtessen.

Es wäre mehr Unschuld in der Welt,
wenn die Menschen für all das verantwortlich wären,
wofür sie nicht können.

Phantasie macht nicht Luftschlösser,
sondern Luftschlösser aus Baracken.

Zu meinen Glossen ist ein Kommentar notwendig.
Sonst sind sie zu leicht verständlich.

Es ist halt ein Unglück, dass mir zu jedem Lumpen
etwas einfällt. Aber ich glaube, dass es sich immer
auf einen abwesenden König bezieht.

Meine Sprache ist die Allerweltshure,
die ich zur Jungfrau mache.

Viele werden einst Recht haben. Es wird aber Recht
von dem Unrecht sein, das ich heute habe.

Das Leben ist eine Anstrengung,
die einer besseren Sache würdig wäre.

Die Außenwelt ist eine lästige Begleiterscheinung
eines unbehaglichen Zustands.

Ich bin vorsichtig geworden. Als ich einmal einen
Anbeter hinauswarf, wollte er mich wegen Religions-
störung anzeigen.

Wand vor der Lust : Vorwand der Lust.

Der Erotiker wird der Frau jeden gönnen,
dem er sie nicht gönnt.

Er zwang sie, ihr zu willen zu sein.

Eine Frau muss so gescheit aussehen, dass ihre
Dummheit eine angenehme Überraschung bedeutet.

Sinnlichkeit weiß nichts von dem, was sie getan hat.
Hysterie erinnert sich an alles, was sie nicht getan hat.

Dass eine einen Bürger ruiniert, ist eine schwache
Entschädigung dafür, dass sie einen Dichter nicht
anregt.

Das Weib lässt sich keinen Beschützer gefallen,
der nicht zugleich eine Gefahr ist.

Sie sagte, sie lebe so dahin.
Dahin möchte ich sie begleiten !

Wir Menschen sind doch bessere Wilde.
Ich bin schon so populär, dass einer,
der mich beschimpft, populärer wird als ich.

Vor jedem Kunstgenuss steht die Warnung:
Das Publikum wird ersucht, die ausgestellten Gegenstände nur anzusehen, nicht zu begreifen.

In keiner Sprache kann man sich so schwer
verständigen wie in der Sprache.

Die Literatur von heute sind Rezepte,
die die Kranken schreiben.

Künstler ist nur einer, der aus der Lösung ein Rätsel
machen kann.

Das sind die wahren Wunder der Technik, dass sie
das, wofür sie entschädigt, auch ehrlich kaputt macht.

Kultur ist die Pflege der Vernachlässigung
einer Naturanlage.

Manche teilen meine Ansichten mit mir.
Aber ich nicht mit ihnen.

Die Schule ohne Noten muss einer ausgeheckt haben,
der von alkoholfreiem Wein betrunken war.

Psychologie ist der Omnibus,
der ein Luftschiff begleitet.

Psychoanalyse ist jene Geisteskrankheit,
für deren Therapie sie sich hält.

Ein guter Psycholog ist imstande,

dich ohne weiters in seine Lage zu versetzen.
Sie greifen in unsern Traum,
als ob's unsere Tasche wäre.

Viele haben schon meine Eigenschaften.
Dadurch kann man sie von mir unterscheiden.

Bildung ist eine Krücke, mit der der Lahme
den Gesunden schlägt, um zu zeigen,
dass er auch bei Kräften sei.

Die Eignung zum Lesen der Kriegsberichte dürfte bei
mancher Nation schon heute die Kriegstauglichkeit
ersetzen.

In der deutschen Bildung nimmt den ersten Platz
die Bescheidwissenschaft ein.

Wenn ich manche Leute zurückgrüße, so geschieht es
nur, um ihnen ihren Gruß zurückzugeben.

Der Franzose hat sich von seiner Oberfläche noch
immer nicht so weit entfernt wie der Deutsche von
seiner Tiefe.

Ich bin dafür, dass man den Leuten verbietet,
das, was ich denke, zu meinen.

Die Undankbarkeit steht oft in keinem Verhältnis
zur empfangenen Wohltat.

"Das Leben geht weiter ". Als es erlaubt ist.

Mein Unbewusstes kennt sich im Bewusstsein eines
Psychologen weit besser aus als dessen Bewusstsein
in meinem Unbewussten.

Der Mensch als Handelsklasse 1

Auch außerhalb jeder EU behandelt die organisierte Gesellschaft jedes liberal oder autoritär verfassten Staates seine Bürger als „Handelsware und Nutzungsgegenstand" und kann es gar nicht anders, wir sind nicht mehr (oder noch nicht wieder) im Paradies. Der europäische Chefaufklärer *Kant* als Anwalt der Vernunft schrieb sein Sittengesetz, den Kategorischen Imperativ, dass jeder Mensch jeden Mit- und Gegenmenschen jederzeit nicht nur als Selbstzweck, sondern immer auch als Mittel zu behandeln habe. Also behandelt jeder jeden nicht nur als (fragwürdiges und zweifelhaftes) Subjekt, sondern auch als nützliches und vernutzbares Liebesobjekt. (So viel zur philosophischen Verankerung im darwinistischen Naturrecht des Stärkeren plus christlicher Armenfürsorge.)

Wie oft haben wir das Krokodilstränen-Gejammer über die moderne Ökonomisierung aller menschlichen Verhältnisse nun schon gehört, und wie oft werden wir uns diese eintönigen Jeremiaden inskünftig noch anhören müssen? Der Mensch handelt und wird gehandelt, wir verhandeln und werden (nicht nur von Ärzten) behandelt, na und? Wir handeln uns ein, was wir aushandeln, und benutzen auch das Nutzloseste. "Der Mensch" ist als Anhängsel seiner Arbeitskraft eine Ware auf dem Weltmarkt und/oder Nationalmarkt. Das ist das einzig Wahre, heißt es, aber dass die Ökonomie das Schicksal des Menschen sei, ist eine bloße neuzeitliche Ideologie.

Was schlägt man uns stattdessen vor?

Der Sozialismus als erzhumanistische Gegenutopie führte stets nachtwandlerisch sicher in stalinistische Militärdiktaturen, ein weiterer Versuch mit diesem Denkfehler empfiehlt sich nur geborenen Selbstmordkandidaten. Kein Heil in oder außerhalb der EU, die ja keine VSE („Vereinigten Staaten von Europa") ist? De Gaulles Europa der autonomen Vaterländer oder noch einmal ein „Dritter Weg" des dritten Standes als (typisch deutscher) „Sonderweg" zwischen den ost-westlichen Machtblöcken, ein Nationalneutralismus, der via "Friedensbewegungen" automatisch unter den Machteinfluss eines „eurasischen" Großreiches führen würde und – schon mehrfach in den unbelehrbarsten Ruin führte? Also nur die Wahl zwischen Pest und Cholera – als Vasallenstaat einer der drei verbleibenden atomaren Weltmächte? Da empfiehlt sich als kleineres Übel, sich einer wenigstens formalen Demokratie anzulehnen, die prinzipiell jederzeit selbstreformfähig bleibt, wo man also prinzipiell jeden demokratischen Irrtum nachträglich korrigieren und jeden demagogischen Politversager irgendwann auch wieder legal abwählen darf. – Neues Spiel, neues Unglück?

VSE als Gegengewicht sind ein schöner Gedanke.

Seit der Steinzeitmensch sich entschloss, sein freies Nomadenparadies aufzugeben und die feudale Agrargesellschaft sesshafter Grundbesitzer und landloser Landarbeiter zu gründen, also den produktiveren Weg des „Fortschritt" bis hin zu einem Industriezeitalter zu beschreiten, werden viele Menschen von wenigen Unmenschen unterdrückt und ausgebeutet, und der Rückweg ins verspielte Großfamilienparadies scheint verbaut, wie schon die biblischen Schriften wussten, die einen ganz anderen Weg vorschlagen – bisher ohne Resonanz bei Herrschern wie bei Beherrschten.

Geniale Wirtschaftstheorie des *Alten Testaments*

Oberster Grundsatz des biblischen Boden- und Besitzrechts ist der Gottesspruch (Lev 25,23) : "Mein ist das Land, und ihr seid Fremdlinge und Gäste bei ihm."

Die „Umverteilung des Bodenbesitzes sollte die von Gott gebotene Gleichheit aller Israeliten mindestens einmal pro Generation sozialökonomisch wiederherstellen, so verarmten, in Abhängigkeit geratenen Landlosen eine Zukunftsperspektive eröffnen, die Grundbesitzer zu ihrer Freilassung verpflichten und ihnen einen gemeinsamen Neuanfang gewähren. Menschliche Besitz- und Herrschaftsverhältnisse sind demnach nicht ewig, sondern müssen nach dem Willen des Gottes Israels regelmäßig zugunsten der Besitzlosen verändert werden."

(Aus : *Wikipedia* zum Stichwort „Erlassjahr")

Siehe auch : *Amos* 5, 11 f.: „Darum, weil ihr die Armen unterdrückt und nehmt von ihnen hohe Abgaben an Korn, so sollt ihr in den Häusern nicht wohnen, die ihr von Quadersteinen gebaut habt. Denn ich kenne eure Freveltaten, die so viel sind, und eure Sünden, die so groß sind, weil ihr die Gerechten bedrängt und Bestechungsgeld nehmt und die Armen ... unterdrückt."

In Jes 65, 21 f. heißt es zu den Armen: „Sie werden Häuser bauen und selbst darin wohnen, sie werden Reben pflanzen und selbst ihre Früchte genießen. Sie bauen nicht, damit ein anderer in ihrem Haus wohnt, und sie pflanzen nicht, damit ein anderer die Früchte genießt. (Siehe auch : 1. Kon 21, Amos 2, Jer 34,8ff.)

Der Armenprophet Jeshua ben Joseph (lateinisch Jesus) beginnt sein Auftreten laut Lk 4,18 ff. in der Nazareth-Synagoge mit dem Zitat der Verheißung eines endzeitlichen Erlassjahres (Jes 61,1):
„Der Geist des Herrn ruht auf mir; denn der Herr hat mich gesalbt. Er hat mich gesandt, damit ich den Armen eine gute Nachricht bringe; damit ich den Gefangenen die Entlassung verkünde und den Blinden das Augenlicht; damit ich die Zerschlagenen in Freiheit setze und ein Gnadenjahr des Herrn ausrufe."

„Er kommentiert das Zitat mit dem einzigen Satz: „Heute hat sich das Schriftwort, das ihr eben gehört habt, erfüllt." Damit drückte er aus, dass sein Wirken das gebotene Erlassjahr endgültig verwirklichen werde, dieses vergessene Gebot also gültig geblieben sei. Der Text gilt in der neueren NT-Exegese als programmatische Zusammenfassung der Verkündigung Jesu und seiner Absicht, die Toragebote für die Armen und Benachteiligten zu erfüllen.

Dem entsprechen Jesu Seligpreisungen in der Bergpredigt (Mt 5, 3-12)".
(Zitat aus *Wikipedia :* Stichwort „Erlassjahr")

Herr und Knecht sollen also mindestens einmal in jeder Generation ihre Rollen vertauschen, weil die Erde nur ihrem Schöpfer gehört und alle Menschen stets nur Seine befristeten Pächter sind.

Warum nicht auch einmal dem Wink des Himmels folgen, der stets die besseren Ideen hat und hatte?

+ + +

Sekundärliteratur zum Aphorismus

Gerhard Neumann (Hg.): „Der Aphorismus.
Zur Geschichte, zu den Formen und Möglichkeiten
einer literarischen Gattung", Darmstadt 1976

„Ideenparadiese. Untersuchungen zur Aphoristik von
Lichtenberg, Novalis, Friedrich Schlegel und Goethe",
München 1976

Peter Krupka: „Der polnische Aphorismus",
München 1976

Hans Peter Balmer: „Philosophie der menschlichen
Dinge. Die europäische Moralistik", Bern 1981

Harald Fricke: „Aphorismus", Stuttgart 1984

Gisela Febel: „Aphoristik in Deutschland und Frank-
reich", Frankfurt/Main 1985

Klaus von Welser: "Die Sprache des Aphorismus",
Frankfurt/M. 1986

Heinz Krüger: „Über den Aphorismus
als philosophische Form", Frankfurt/M. 1988

Werner Helmich: „Der moderne französische
Aphorismus", Tübingen 1991

Stefan Fedler: „Der Aphorismus. Begriffsspiel
zwischen Philosophie und Poesie", Stuttgart 1992

Paul Geyer / Roland Hagenbüchle: „Das Paradox",
Tübingen 1992, Würzburg 2002²

Thomas Stölzel: „Rohe und polierte Gedanken.
Studien zur Wirkungsweise aphoristischer Texte",
Freiburg 1998

Lada Lubimova: „Struktur und Funktion des Aphorismus : eine textlinguistische Studie", Bremen 1998

Robert Zimmer: „Die europäischen Moralisten",
Hamburg 1999

Michael Esders: „Begriffs-Gesten. Philosophie als
Kurze Prosa von Friedrich Schlegel bis Adorno",
Frankfurt/Main 2000

Rüdiger Zymner: „Aphorismus", In: Kleine literari-
sche Formen in Einzeldarstellungen, Stuttgart 2002

Friedemann Spicker: „Kurze Geschichte
des deutschen Aphorismus", Tübingen 2007

„Die Welt ist voller Sprüche. Große Aphoristiker im
Porträt", Bochum 2010

Rolf Friedrich Schuett : „Aphorismus − Philosophischer Gehalt in literarischer Gestalt", 2019

Philosophische Grundbibliothek

Chuang-tsi: „Das wahre Buch vom südlichen Blütenland"

L. Annaeus Seneca : „Briefe an Lucilius"

Michel de Montaigne : „Essais"

Imm. Kant : „Grundlegung zur Metaphysik der Sitten"

S. Maimon : „Versuch einer neuen Logik … " (1794)

G. Fr. Hegel : „Phänomenologie des Geistes" / „Ästhetik"

Arthur Schopenhauer : „Aphorismen zur Lebensweisheit"

Friedrich Nietzsche : „Menschliches, Allzumenschliches"

Nicolai Hartmann : „Das Problem des geistigen Seins"

Hedwig Conrad-Martius : „Der Selbstaufbau der Natur"

Th. Adorno : „Minima moralia" / „Ästhetische Theorie"

Jean-Paul Sartre : „Der Idiot der Familie"

Hermann Schmitz : „Der unerschöpfliche Gegenstand" /
„Der Weg der europäischen Philosophie"

I.M. Bochenski / A. Menne : „Grundriss der Logistik"

Hans Blumenberg : „Wirklichkeiten, in denen wir leben",
„Die Vollzähligkeit der Sterne"

Weiterführendes vom Autor

"Objektivität durch Subjektivität oder umgekehrt?"
Phänomenologischer Entwurf
einer dekonstruierten Erkenntnistheorie
ISBN 3-89811-157-1   *164 Seiten*

Diese Arbeit versucht, die klassische Disziplin der Erkenntnistheorie, welche heute in Wissenschaftstheorien aufzugehen droht, wiederzubeleben durch Rückgriffe auf psychoanalytische Befunde und auf aphoristische "Gnome" (griechisch "Erkenntnis") - die den philosophischen Mainstream unterirdisch begleiten - am phänomenologischen Leitfaden von Sartre, Heidegger und Conrad-Martius. Das Unbewusste gilt seit Freud als *missing link* zwischen Leib und Seele. Die Erkenntnisbedingungen und -widerstände kommen nicht nur aus Verstand oder Gegenstand, sondern auch aus leiblich fundierten Triebkonstellationen. Dass die Erkenntnis- und Selbsterkenntnisleistungen des menschlichen Bewusstseins hinterrücks oft mitbestimmt - oder systematisch verzerrt - werden durch abgewehrte Anteile der Subjektivität, wäre für die philosophischen Erkenntnistheorien endlich fruchtbar zu machen, und die Aphoristiker waren immer auch de(kon)struierende Ur-Analytiker des Unbewussten hinter rationalisierenden Bewusstseinsfassaden.

"Nur in der Fremde fühle ich Fernweh" oder :
„Die grüne Bank am Deich"   *(Idyllischer Roman)*
ISBN 3-89811-378-7   *302 Seiten*

Zwischen Gedenken und Gedanken. Ein alter und ein junger Mann sprechen über Gott und die Welt und die Seele, auch über Adalbert Stifter. Und sie erinnern sich an ein Leben in Bibliotheken und im Buch der Natur, nicht in Staat und Gesellschaft. Eines Tages kommt eine junge Frau dazu, das ist fast alles. - "Von Verwicklungen und Lösungen, von Herzenskonflikten und Konflikten überhaupt, von Spannungen und Überraschungen findet sich nichts" in diesem ruhigen Roman, der das Idyll rehabilitieren will, die heute verrufenste aller Gattungen. Das ist die sozialkritische Provokation, ein noch unzeitgemäßes Plädoyer für Studierstubenhocker in kontemplativsten Elfenbeintürmen, nicht für komische Käuze im hektischen Koma.

"Künste und Wissenschaften als verlorene Paradiese –
Essays zur Bedeutung der Kultur-Idyllen"
ISBN 3-89811-801-0   *252 Seiten*

"Die ... Unabhängigkeit, die der eine draußen in der Welt sucht, findet der andere in dem Freistaat der Kunst und Wissenschaft." (Th. Fontane) Kultur als Selbstzweck ist der einzige Garten Eden, der jedermann jederzeit offensteht. Auch und gerade Kunstwerke anti-idyllischen Inhalts z. B. stellen oft schon kraft ihrer ästhetischen Form in sich stimmige Kultur-Idyllen dar. Überfällig wäre die methodische "Contemplation in a world of action" (Th. Merton), also wird angeknüpft an Traditionsbestände, welche die heute soziohistorischen Paradigmen versuchsweise ersetzen durch gründlich entkollektivierte und praxisabstinente Theorie-Kulturen. - Die reine Bildungsidylle, die nichts als kosmische Ordnungen ohne jeden Aktionsappell betrachtet, war aber wohl immer schon selbst jene Sozialutopie, von der sie historisch meist nur begraben wird.

„Neuer Cherubinischer Wandersmann – *Laien-
brevier voll himmlischer Spruchweisheit*“

„Wenn die Seele auf den Geist geht – *Zur Tiefen-
psychologie der Philosophiegeschichte*“

„Die Liebhaber der Sophie – *Europäische
Philosophiegeschichte einmal ganz anders*“

„Mit einem Satz ins Freie –
Reflexionen, Urteile und Sentenzen“

„Eine Ameise mit Bienenfleiß hat eine Meise –
Ausgewählt dumme Sprüche“

„Glückliche Idyllen kontemplativen Lebens
im Elfenbeinturm – *Hieronymus im Gehäus*“

„*Gedankenlesen* – Hirnforschung
ohne Computertomographen“

„Herren tut es leid, Knechten tut es weh –
Die Unterschicht in Klassengesellschaften“

Aphoristiker sind im Bilde